REINVENÇÃO CORAJOSA

Roberto Funari

REINVENÇÃO CORAJOSA

Sabedoria para transições profundas

Copyright © Roberto Funari

Direitos desta edição reservados à
FGV EDITORA
Rua Jornalista Orlando Dantas, 9
22231-010 | Rio de Janeiro, RJ | Brasil
Tel.: 21-3799-4427
editora@fgv.br | www.editora.fgv.br

Impresso no Brasil | Printed in Brazil

Todos os direitos reservados. A reprodução não autorizada desta publicação, no todo ou em parte, constitui violação do copyright (Lei nº 9.610/98).

Os conceitos emitidos neste livro são de inteira responsabilidade dos autores.

1ª edição: 2024

Coordenação editorial e copidesque: Ronald Polito
Revisão: Sandro Gomes dos Santos e Michele Mitie Sudoh
Capa, projeto gráfico e diagramação: Ligia Barreto | Ilustrarte Design
Imagem de capa: Rochak Shukla/ Freepik

Dados Internacionais de Catalogação na Publicação (CIP)
Ficha catalográfica elaborada pela Biblioteca Mario Henrique Simonsen/FGV

Funari, Roberto
    Reinvenção corajosa : sabedoria para transições profundas / Roberto Funari. - Rio de Janeiro : FGV Editora, 2024.
    116 p.

    Inclui bibliografia.
    ISBN: 978-65-5652-287-6

    1. Mudança (Psicologia). 2. Autorrealização (Psicologia). 3. Sucesso. 4. Autoconsciência. 5. Felicidade. I. Fundação Getulio Vargas. II. Título.

                                                            CDD – 158.1

Elaborada por Márcia Nunes Bacha – CRB-7/4403

Sumário

Prefácio | Vicky Bloch...7

PRÓLOGO..11

CAPÍTULO 1. Bússola interna da agência pessoal..........17

CAPÍTULO 2. Velas do autoconhecimento....................25

CAPÍTULO 3. Mapa do propósito..................................39

CAPÍTULO 4. Leme da autenticidade............................55

CAPÍTULO 5. Âncora de relacionamentos significativos.....69

CAPÍTULO 6. Sextante da ressignificação......................79

CAPÍTULO 7. Telescópio da educação contínua.............101

EPÍLOGO...109

Agradecimentos..111

Referências..113

Prefácio

Ser convidada para escrever o prefácio de um livro é uma coisa que mexe comigo. Fiz poucos, mas sempre me emociono. Em alguns casos, eu sequer tinha consciência da relação privilegiada que tinha com o autor ou autora. Neste caso específico, ter sido convidada para prefaciar o livro do Roberto Funari foi uma surpresa muito amorosa. E também muito positiva, porque este livro trata justamente do tema que me é mais caro na vida, que é a transição.

A gente nunca sabe direito o que vem pela frente. E muitas vezes ficamos presos ao passado com medo daquilo que chamamos de mudança. Escolhi estudar este tema a partir das aberturas e fechamentos de ciclos da minha própria vida, e a minha curiosidade intelectual e conceitual me fez perceber que, na verdade, as pessoas não sabem que seu medo não é da mudança, mas da transição.

Há uma questão conceitual importante a ser esclarecida. A mudança é uma coisa pontual. Pode ser a notícia de que você vai ter um filho, ou um novo chefe, ou mesmo a perda de um emprego. Essas coisas são, vamos dizer assim, definidoras de uma vida nova. Já a transição é o processo para se ajustar à mudança. Enquanto a mudança é mais objetiva e tangível, a transição é subjetiva e envolve uma dimensão psicológica e emocional. Ela representa o processo de deixar para trás, soltar o passado, deixar de fazer as coisas do jeito que fazíamos. A transição representa entrar em um momento de experimentação de novos comportamentos, novos jeitos de pensar.

O consultor americano William Bridges,[1] especialista nesse tema, define o processo de transição como um modelo psicológico que descreve as etapas pelas quais as pessoas passam ao lidar com mudanças significativas em suas vidas. E esse processo é composto por três fases principais, segundo ele: a fase de fim ou término (*endings*), quando as pessoas enfrentam a realidade da mudança eminente e começam a se despedir do estado ou situação anterior; a fase neutra ou de transição (*neutral zone*), um período de confusão, ambiguidade e desconforto, quando as pessoas estão no "meio do caminho" entre o que já não é mais e o que ainda não aconteceu; e a fase de novo começo ou recomeço (*new beginnings*), quando as pessoas começam a se adaptar à nova realidade e a se comprometer com as possibilidades que se apresentam.

Eu acho muito interessante essa definição de zona neutra trazida por Bridges. Essa é, de fato, uma fase em que a gente se sente no caos, mas por outro lado pode ser também uma etapa de oportunidades e potencial para crescimento e aprendizado. Nesse estágio, podem começar a se desenvolver novas perspectivas e habilidades. Em meio ao caos e na busca por um lugar onde nos ancorar, nos abrimos para um processo altamente criativo.

Quando falamos sobre resistir, não estamos na verdade resistindo à mudança, mas sim resistindo a fazer diferente, a um novo começo, ao risco, ou então resistindo a viver profundamente o caos para, aí sim, começar a encontrar alternativas. Já quando fazemos uma transição bem feita, conseguimos de fato assumir e realizar a mudança, tanto do ponto de vista prático como emocional.

---

[1] William Bridges (1933-2013) foi um consultor americano e autor de renome internacional, especializado em gestão de mudanças organizacionais.

PREFÁCIO

Eu lidei com pessoas em processos de transição ao longo de toda a minha trajetória profissional. E é muito interessante perceber que aquelas que resistiram a enfrentar a transição, seja por medo do novo ou por receio de deixar para trás o que já está velho, vão para o novo momento sem ferramentas para fazer diferente, como se tivessem pulado etapas. É como se mudassem de casa e mantivessem todos os hábitos e móveis da casa velha, mesmo aqueles que não cabem ou não combinam mais. Posso assegurar que quem não faz essa lição de casa vive um processo muito mais doloroso. Deveríamos olhar para a transição como uma boa oportunidade de fazer as coisas de forma diferente.

Neste livro que vocês vão ler, Roberto descreve profundamente as etapas que passou ao longo da vida, permitindo que o leitor exercite esse processo a partir de suas dicas.

Em um mundo tão complexo como o que estamos vivendo, somos obrigados a nos reinventar o tempo todo. Roberto teve a generosidade de nos expor o caminho que ele trilhou em várias oportunidades e o que ele aprendeu com os diversos ciclos que viveu. Por ter-se permitido viver a transição, hoje vocês vão encontrar um Roberto que se reinventou em várias frentes, experimentou coisas novas e é capaz de ter prazer e felicidade nas várias frentes que abriu. Tenho certeza que vocês se deliciarão com esta leitura assim como eu me deliciei — e agradeçam por existirem pessoas como o Roberto, que compartilham o seu processo para que a gente possa aprender mais sobre a vida.

Vicky Bloch

Prólogo

Das Pedras

Ajuntei todas as pedras
Que vieram sobre mim
Levantei uma escada muito alta
E no alto subi
Teci um tapete floreado
E no sonho me perdi
Uma estrada,
Um leito,
Uma casa,
Um companheiro,
Tudo de pedra
Entre pedras
Cresceu a minha poesia
Minha vida...
Quebrando pedras
E plantando flores
Entre pedras que me esmagavam
Levantei a pedra rude dos meus versos.

CORA CORALINA

Cora Coralina, cujo nome verdadeiro era Ana Lins dos Guimarães Peixoto Bretas, é um farol de inspiração quando falamos de transições e da capacidade de reinvenção ao longo da vida. Nascida em 1889, no interior de Goiás, Coralina teve uma vida marcada por desafios e superações, demonstrando que as fases de mudança podem ser um terreno fértil para crescimento e descobertas, independentemente da idade.

Educadora e doceira de profissão, Cora somente veio a publicar seu primeiro livro de poesias aos 75 anos, uma idade em que muitos consideram ser o momento de se aposentar das criações e inovações. No entanto, ela desafiou as convenções sociais e as expectativas de sua época, emergindo como uma das vozes literárias mais autênticas e respeitadas do Brasil, com uma obra que celebra a simplicidade e a sabedoria do cotidiano.

Sua vida é um testemunho poderoso de que as transições são não apenas naturais, mas também essenciais para a expansão de nossa existência. Ela nos ensina que é possível florescer em qualquer estágio da vida, que não há um momento prescrito para começar ou parar de perseguir nossos sonhos e paixões. Coralina encarnou a ideia de que as mudanças, mesmo tardias, podem trazer renovação e enriquecimento para a vida.

Ao incorporar as transições em sua jornada pessoal, Cora Coralina abraçou plenamente o seu potencial criativo, deixando um legado de persistência, resiliência e esperança.

Sua biografia é um convite didático e pessoal para reconhecermos que nunca é tarde para transformar nossa história, e que cada transição vivida é uma trilha luminosa para um futuro de possibilidades ilimitadas.

Bem-vindo a uma jornada de descobertas e reinvenção, um percurso para ser o navegador do seu próprio destino. Este livro transcende uma mera compilação de conselhos — ele é um mapa do tesouro para a capitania da sua alma. Em um tempo de transformações contínuas, aprimorar habilidades para prosperar diante das transições torna-se vital. Tais transições, sejam elas no âmbito pessoal ou profissional, tecem a tapeçaria da nossa existência, posicionando-nos na encruzilhada entre o passado e o possível.

Embarque nesta odisseia de autodescoberta e crescimento, em que cada capítulo se revela como uma ilha misteriosa em mares inexplorados.

PRÓLOGO

Transições de vida são marcos de transformação ou ajustes significantes que exigem nossa capacidade de se adaptar, influenciando nosso bem-estar e desempenho. Podem ser esperados, como a conclusão de um curso ou o início de uma nova etapa de vida, ou inesperados, como a perda de um emprego, o surgimento de uma enfermidade ou o adeus a um ser querido. Estas são as marés que nos convidam a revisitar e reajustar nossas velas, remodelando profundamente nossa psique, interações sociais e bem-estar físico.

Cada transição é um farol de oportunidade, iluminando o caminho para o autoconhecimento e a evolução do caráter. São esses momentos que tecem a fibra de nossa resiliência e expandem nossa visão de mundo. Embora desafiadoras, essas ondas nos impulsionam a traçar novas rotas e redescobrir paixões e potenciais adormecidos. A certeza de que compartilhamos os mares da vida com outros navegantes e que cada jornada tem seu valor singular é um farol de esperança e otimismo.

Este compêndio é uma bússola para você na arte da existência, guiando-o através dos oceanos de transições que entrelaçam as esferas pessoal e profissional. Aqui, você está ao leme, desbravando o familiar para o anseio de se transformar. Este livro é o seu sextante, um instrumento de navegação que lhe permite medir as estrelas de possibilidades e traçar um curso através do espaço liminar das transições, onde cada passo em falso pode ser um aprendizado e cada acerto, um novo horizonte.

Cada capítulo é uma etapa dessa expedição, desenhada para fortalecer seu desenvolvimento pessoal com flexibilidade e pragmatismo. Apresentamos metodologias e *insights* práticos, complementados por recursos para aprofundamento e espaços dedicados à reflexão e exercícios práticos. Este livro é o seu diário de exploração, um registro das suas observações e vivências ao navegar pelas correntezas das transições da vida.

As grandes navegações em mares desconhecidos são uma metáfora perfeita para a jornada pessoal de autodesenvolvimento e crescimento. Assim como os navegadores antigamente mapeavam os oceanos e descobriam novas terras, cada indivíduo pode explorar as profundezas desconhecidas do autoconhecimento e do potencial humano.

Vamos utilizar essa analogia para propor as sete ferramentas transformadoras mencionadas no texto:

1. Bússola interna da agência pessoal: assim como os navegadores confiavam em suas bússolas para encontrar o caminho em alto-mar, cultive sua agência interna para fazer escolhas significativas e direcionar sua jornada. A gratidão é a principal virtude que nos mantém alinhados com nosso "norte verdadeiro", representado pelos nossos valores e princípios. A prática deliberada da gratidão nos dá equilíbrio e uma energia renovadora.

2. Velas do autoconhecimento: o autoconhecimento, assim como as velas dos navios, nos impulsiona para nossos destinos, permitindo-nos enfrentar desafios emocionais com resiliência e adaptabilidade. A jornada de autoconhecimento não apenas nos prepara para enfrentar tempestades emocionais, mas também abre novos horizontes de descoberta pessoal, enfatizando a importância de distinguir entre o que podemos controlar (nossas "velas") e o que não podemos (o "vento" da vida).

3. Mapa do propósito: ter um propósito que nos direciona ao delinearmos um curso que ilumine nosso caminho é a chave para uma vida plena. Descobrir e desenvolver um propósito inabalável não somente dão significado para nossas vidas, mas também estão associados a diversos benefícios para a saúde mental e física. O propósito se torna ainda mais efetivo e humano quando é traduzido em ações concretas e mensuráveis.

4. Leme da autenticidade: o nosso Eu Verdadeiro, assim como o leme de um navio, direciona nossas escolhas e nos dá coragem para abraçar o desconhecido. Como uma ferramenta para a essência verdadeira, ele representa a condução de nossas vidas de forma autêntica, mantendo

o curso alinhado com quem você realmente é. Ao mesmo tempo, cultivar o nosso Eu Camaleão nos capacita a nos adaptarmos a diferentes contextos e situações sem sacrificarmos nossa identidade central.

5. Âncora de relacionamentos significativos: assim como um navio precisa de uma âncora para se manter estável, nossa felicidade e realizações são construídas baseadas em amizades verdadeiras e redes de relacionamento que impulsionam nosso crescimento pessoal. Ao desenvolvermos a prática de cultivar relacionamentos de forma intencional e ativa, estamos construindo as bases sólidas que nos dão suporte e refúgio nas tempestades da vida. E que nos enriquecem e nos motivam a buscar nossos sonhos e realizar nosso propósito.

6. Sextante da ressignificação: o sextante, utilizado para medir a posição das estrelas e definir a localização no mar, representa aqui a força da ressignificação consciente para enfrentar ciclos imprevisíveis da vida com coragem e determinação. As estrelas e constelações representam nossas diferentes inteligências e como podemos usar o sextante de nossas inteligências para nos guiar em momentos de estresse e vulnerabilidade.

7. Telescópio da educação contínua: assim como um telescópio revela os mistérios do cosmos, encare a educação contínua como uma viagem sem fim. Explore além das fronteiras conhecidas, abraçando a curiosidade e a humildade intelectual como abordagens efetivas para a busca do conhecimento de maneira intencional. O conhecimento, assim como um telescópio, é a ferramenta para enxergar além do horizonte atual e ampliar nosso horizonte de possibilidades.

Essas ferramentas, inspiradas pelos instrumentos de navegação, oferecem um quadro para a exploração pessoal e o crescimento contínuo na viagem da vida.

Cada capítulo é um passo em direção a uma vida mais intencional e plena. Esta obra não é apenas um livro; é um companheiro para a vida que inspira ação, reflexão e transformação.

Este livro é um testemunho de gratidão e um farol para todos aqueles que navegam pelas encruzilhadas da vida, para abraçar as transições com serenidade, sabedoria e propósito.

Prepare-se para zarpar. As páginas seguintes são mais do que meras palavras; são as coordenadas para tesouros inestimáveis de crescimento pessoal e sabedoria. Levante sua âncora, desfralde suas velas e prepare-se para cruzar os oceanos nunca antes navegados da sua própria transformação.

CAPÍTULO 1

Bússola interna
da agência pessoal

A grandeza da vida não consiste em não cair nunca,
mas em nos levantarmos cada vez que caímos.

NELSON MANDELA[2]

A sensação inicial foi como navegar em nevoeiro intenso. Uma jornada inesperada que me transportou do passado ao futuro, um salto sem roteiro definido. Despertei de um sonho para encontrar-me num quarto de hospital, na semi-intensiva, cercado pela presença reconfortante da minha esposa, cunhados e um primo médico. Levei um tempo para desvendar os acontecimentos daquele domingo peculiar, o Dia das Mães.

Minha história se entrelaçou com um enredo que passou por problemas de saúde que vieram como efeito colateral da Covid-19, por um período de estresse profissional que culminou com minha saída de um emprego onde dedicava horas intermináveis estoicamente. Todos estes fatores juntos fizeram com que eu sofresse um "apagão" seguido de uma queda de bicicleta. A queda de bicicleta ocasionou um impacto violento na cabeça que escureceu um pedaço do tempo. A consciência permaneceu, mas as lembranças daquele dia evaporaram como fumaça. Estava

---

[2] Nelson Mandela (1918-2013) foi um revolucionário anti-apartheid e líder político sul-africano. Ele passou 27 anos na prisão e se tornou o primeiro presidente negro da África do Sul, servindo de 1994 a 1999, após anos de luta contra o regime de segregação racial. Mandela foi laureado com o Prêmio Nobel da Paz em 1993 por sua incansável luta pela liberdade e igualdade. Sua liderança e resiliência se tornaram símbolos globais de resistência contra a opressão.

consciente, mas sem memória. Fui resgatado por um casal que com sua compaixão e generosidade me socorreu e me levou para casa, como me relataram dias depois do acidente.

Ao chegar a casa, acordei minha esposa e corremos para o hospital. A cada minuto ficava mais confuso e gradativamente a voz sumiu, o equilíbrio vacilou e o tempo desvaneceu. Fui prontamente atendido por médicos e, depois de vários exames, recebi o diagnóstico de amnésia global transitória.

A Amnésia Global Transitória (AGT) é como um nevoeiro passageiro que encobre a memória de curto prazo, uma condição rara que embaralha a linha tênue entre lembranças e esquecimentos. Nesse instante fugaz, eventos recentes evaporam, enquanto o passado mais remoto permanece intocado, e as capacidades cognitivas persistem.

Estes episódios de AGT, curtos e autolimitados, dissolvem-se com o tempo, gradualmente devolvendo as lembranças ao seu lugar. Nesses momentos, as confusões e ansiedades dançam em torno da incapacidade de recordar o presente, como se as memórias escapassem como grãos de areia entre os dedos. No meu caso, ainda passei pela perda momentânea do equilíbrio e da fala que retornaram aos poucos com fisioterapia e exercícios.

A causa exata dessa dança da memória permanece enigmática, embora possa ser tecida por distúrbios temporários na coreografia das substâncias cerebrais ou nas danças sanguíneas que percorrem seus corredores.

Os médicos traçaram um caminho de luz sobre as causas desse apagão que borrara os traços do dia. Uma tempestade perfeita de estresse, físico e emocional, havia se formado, alimentando o caos no meu interior. Meses de sequelas da Covid-19, a pressão insuportável do trabalho, culminando com a partida abrupta e necessária.

O domingo de pedaladas sempre fora meu refúgio, o sopro de ar fresco que dissipava as nuvens negras. Há anos, girava os pedais, sempre equipado com a armadura de segurança, o capacete que se tornaria meu escudo. A bondade do destino alinhou as estrelas para que um casal abençoado me encontrasse, para que minha esposa, guerreira, me resgatasse e amparasse, para que os médicos tecessem seus conhecimentos em uma trama de recuperação.

Nesse momento singular, uma jornada pessoal começou a se desenrolar, uma busca profunda para recuperar o que verdadeiramente importava. Iniciei uma busca interior, um mergulho profundo para entender meus desejos e anseios no instante presente. As conversas, os livros, os *podcasts* e as reflexões tornaram-se guias nessa expedição, lançando luz sobre como transcender e abraçar as mudanças que a vida me reservava.

"Você é o seu melhor amigo" é para mim a heurística fundamental para iluminar nosso caminho durante momentos de transição e mudanças profundas em nossas vidas. Não significa você se isolar ou somente pensar em si mesmo, mas sim tomar as rédeas do seu destino em suas mãos, com maestria, serenidade e se apoiando em abordagens efetivas. Esta capacidade dos indivíduos de agirem de acordo com suas vontades, de maneira independente, e fazerem suas escolhas de forma independente é referida na sociologia como "agência".

Na intricada tapeçaria da vida, o conceito de agência emerge como um fio radiante, tecendo seu caminho através do tecido de nossa existência. Em sua essência, a agência é sua capacidade de assumir o controle da narrativa de sua vida, de ser o autor de sua própria história. Imagine-a como uma lanterna iluminando o caminho à frente durante aqueles momentos sombrios de mudança. É a crença de que você possui as chaves para abrir as portas da possibilidade. Quando a vida apresenta suas inevitáveis mudanças e reviravoltas, a agência sussurra para sua alma: "Você tem o poder de escolher sua resposta, de moldar seu destino". É uma sinfonia de coragem, determinação e autoconfiança, harmonizando-se com suas aspirações.

No âmbito das transições da vida, a agência emerge como uma ferramenta crucial. À medida que você navega pelo terreno incerto da mudança, ela lembra que você não é um observador passivo, mas um participante ativo de sua história. Com cada escolha que você faz e cada passo que você dá, a agência é a bússola que guia você a seu destino, impulsionando-o para a direção certa mesmo sem termos visibilidade do caminho. Dentro do reino da agência, você descobre a força para enfrentar as tempestades da vida e a capacidade de transformá-las em oportunidades de crescimento e renovação.

Você ser seu melhor amigo significa você exercitar sua agência e se apoiar na sua maior força que é sua capacidade de ser dono da sua narrativa de vida. Você deve cuidar de si mesmo da mesma maneira que cuidaria de um amigo próximo. Isso envolve praticar a autoestima, a autocompaixão e o autocuidado. Assim como você apoiaria e encorajaria um amigo em momentos de dificuldade, essa expressão sugere que você também deve ser gentil e compassivo consigo mesmo quando enfrentar desafios ou passar por momentos difíceis.

A ideia por trás é promover um relacionamento saudável consigo mesmo. Às vezes, as pessoas podem ser muito críticas ou autocríticas, sentir-se vítima atropelada pelo destino, o que pode afetar negativamente sua autoestima e bem-estar emocional.

E foi com este senso forte de agência que me apoiei para enfrentar minha condição. Procurei estudar as causas que nos levam ao estresse não saudável, busquei contato com pessoas que passaram por transições de vida e carreira, me debrucei na literatura e nos estudos científicos sobre o tema. As histórias que escutava, os estudos e a ciência por trás de transições de vida tinham padrões e muitas coisas em comum.

Os dois fatores comuns que encontrei foram, primeiro, nossa capacidade de assumir o rumo de nossa jornada e de sermos donos de nosso destino; o segundo é a prática da gratidão como a virtude fundamental e fonte principal de renovação.

Você ser seu melhor amigo é centrar na nossa capacidade de reconhecer as situações e pessoas que nos impactam como verdadeiras dádivas que a vida nos proporciona.

Cultivar a gratidão é uma das ferramentas mais poderosas para navegar em transições e traz múltiplos benefícios incluindo sua saúde mental, sua capacidade de lidar com estresse e de restaurar suas forças. Praticar a gratidão ajuda a fortalecer a nossa resiliência e amplificar nossa alegria de viver.

A vida é uma jornada repleta de transições, desde as pequenas mudanças do dia a dia até os grandes marcos que redefinem quem somos. Quando navegamos por essas águas tumultuadas, muitas vezes nos deparamos com ventos contrários e tempestades emocionais. No entanto, há uma âncora que pode nos manter firmes, mesmo nas marés mais agitadas: a gratidão.

A gratidão é uma ferramenta poderosa que pode iluminar até mesmo os dias mais sombrios. Ela não apenas nos conecta com o presente, mas também molda nosso futuro. Estudos mostram que praticar a gratidão regularmente está intrinsecamente ligado à nossa saúde mental. Quando somos gratos, nossas mentes se abrem para a beleza e as oportunidades ocultas em cada transição.

A gratidão não é apenas um estado de espírito; é uma prática diária. Aprendemos a cultivar a gratidão em nossas vidas, desde manter um diário de gratidão até expressar apreço pelas pessoas ao nosso redor. Ao praticar, descobrimos maneiras de colher os benefícios do cultivo da gratidão.

Transições de vida frequentemente trazem desafios inesperados. No entanto, com a gratidão como nosso norte verdadeiro, podemos transformar esses desafios em oportunidades para nos reinventarmos e renovarmos nossas forças.

A prática contínua da gratidão nos ajuda a enfrentar a incerteza e a construir resiliência. Nossas relações com os outros desempenham um papel crucial em nossas jornadas de vida. Ao expressar gratidão pelas pessoas que nos apoiam e nos amam, fortalecemos esses laços e criamos uma rede de apoio inestimável para enfrentar as mudanças.

A gratidão também é uma chave para a serenidade interior. Os estudos científicos demonstram como a prática da gratidão antes de dormir e ao acordar pode melhorar a qualidade do nosso sono e nos proporcionar a serenidade necessária para enfrentar cada novo dia com otimismo.

À medida que navegamos por nossa jornada de vida, encontramos inúmeras oportunidades para praticar a gratidão. Ela nos acompanha em todas as transições, desde as mais simples até as mais complexas. A gratidão se torna nossa aliada constante, sempre presente para nos dar o equilíbrio essencial para navegar os altos e baixos da vida.

Lembre-se de que, independentemente de quão turbulentas as águas possam parecer, a gratidão pode ser seu norte verdadeiro, mantendo-o firme e em equilíbrio. Com gratidão em seu coração, você está preparado para enfrentar qualquer transição com coragem, compaixão e alegria.

PRÁTICA: CULTIVANDO A GRATIDÃO[3]

Prática matinal

1. Ao acordar, permaneça na cama sem pegar no seu telefone.
2. Sente-se confortavelmente, com as costas eretas para amplificar o estado de alerta.
3. Respire fundo três vezes, lentamente, para despertar os sentidos gentilmente.
4. Reflita sobre o que está ansioso para fazer hoje. Encontre algo, mesmo que pequeno, que crie uma sensação de antecipação.

---

[3] Esta prática se baseia no livro *The seven-day stress prescription* (Penguim Life, 2022), de Elissa Epel, uma renomada psicóloga da saúde e professora na Universidade da Califórnia, em São Francisco. Ela é amplamente conhecida por seu trabalho pioneiro na área da psiconeuroendocrinologia, com foco especial na relação entre estresse, envelhecimento celular e metabolismo. Epel codescobriu a relação entre o comprimento dos telômeros, que são as estruturas nas extremidades dos cromossomos, e o estresse crônico, contribuindo significativamente para o entendimento dos mecanismos biológicos que ligam o estresse emocional ao envelhecimento celular.

5. Reflita e aprecie as coisas pelas quais você é grato. Você deve dedicar um momento para pensar conscientemente sobre as coisas boas em sua vida pelas quais você tem gratidão, reconhecendo a importância delas e valorizando sua presença em sua vida. Pode ser algo tão simples quanto aguardar pelo seu café matinal ou apreciar um ato útil de alguém.
6. Se a sua mente divagar para a sua lista de tarefas, redirecione-a gentilmente para algo no seu dia que seja significativo para você e que lhe dê uma sensação de propósito.
7. Se você verificar o seu telefone, está tudo bem. Apenas se lembre de tirar alguns minutos depois para definir uma trajetória positiva para o seu dia.

Prática noturna

1. Quando se deitar, prepare-se para uma reflexão de cinco minutos sobre as alegrias e conquistas do seu dia.
2. Foque na melhor coisa ou coisas que aconteceram durante o dia.
3. Recorde momentos que o fizeram sorrir ou sentir-se bem, não importa quão pequenos sejam.
4. Pense sobre quaisquer interações positivas que teve ou gentilezas que recebeu ou ofereceu.
5. Reflita sobre o que é e por quem é grato hoje.
6. Escreva em um diário ou simplesmente reflita sobre estas experiências.
7. Ao adormecer, deixe sua mente saborear esses momentos de alegria, permitindo que seu corpo relaxe em contentamento.
8. Ao enquadrar o seu dia com estas práticas, poderá encontrar um sentido de bem-estar aprimorado e uma perspectiva mais positiva sobre as suas experiências diárias.

CAPÍTULO 2

Velas do autoconhecimento

O futuro pertence àqueles que acreditam
na beleza de seus sonhos.

ELEANOR ROOSEVELT[4]

Meu berço foi São Paulo, uma cidade vibrante onde cresci em meio a uma família profundamente católica, embalada por valores que orbitam em torno da família e da fé. É dessa fé em Deus e princípios como humildade e compaixão que extraio forças nos momentos mais desafiadores. Esses pilares fundamentais não apenas definem minha essência, mas também me orientam a tratar cada ser com empatia e gentileza. A força da família, não só os laços mais próximos, mas também os que se estendem como ramos de uma árvore frondosa, é minha âncora nos mares calmos e tempestuosos da vida. E é nesse seio familiar que construí laços de uma solidez inabalável, laços que, sei, resistirão à passagem do tempo.

Minha jornada é permeada por uma busca constante, a busca por criar entornos e conexões que ecoem a familiaridade e o afeto que tenho com minha própria família. É como se eu tecesse redes de relações que abraçam e aquecem, como o acolhimento seguro do lar onde cresci. Vou falar mais sobre relacionamentos significativos no capítulo 5.

---

[4] Eleanor Roosevelt foi uma diplomata e ativista dos direitos humanos americana, servindo como primeira-dama dos Estados Unidos de 1933 a 1945 durante a presidência de seu marido, Franklin D. Roosevelt. Reconhecida por sua defesa ardente dos direitos civis, das mulheres e das causas sociais.

Eu sou alguém que vê a vida com um olhar incansavelmente otimista, enraizado em uma crença profunda no potencial humano. Acredito com toda a fibra do meu ser que cada indivíduo traz consigo o poder de forjar seu próprio destino, moldar seu caminho e colher os frutos do seu sucesso. Esta crença foi construída desde cedo quando enfrentei situações adversas e escolhi qual melhor caminho tomar.

Quando eu tinha meros cinco anos, tomei uma decisão que ecoaria na minha vida. Após enfrentar um *bullying* cruel de meninos mais velhos na pré-escola que frequentava ao lado de casa, decidi, com a determinação de uma criança em busca de algo mais, que era hora de alçar voos diferentes. Meus pais, atentos ao meu anseio por desafios e uma educação enriquecedora, buscaram no Colégio São Luiz a porta para essa nova etapa. O reitor da escola, alguém cujos laços com minha família remontam gerações, foi uma figura benevolente que me recebeu com os braços abertos, guiado pelos preceitos jesuítas de compaixão e acolhimento.

Assim, fui colocado na nova escola não apenas um ano, mas dois anos adiante, um movimento que ecoou em toda a minha trajetória. Essa experiência revelou-se um catalisador transformador, me ajudando a superar as barreiras da idade, acelerar minha maturação e lapidar minhas facetas emocionais. Essa metamorfose encadeada preparou o terreno para minha entrada na universidade aos 16 anos, para assumir minha primeira posição gerencial aos 21 anos, o matrimônio aos 22 e o nascimento do meu primeiro filho aos 24. Antes dos 30, já estava embalando três filhos nos braços.

Essa prematura trama de eventos impulsionou-me a encarar desafios com coragem, a abraçar responsabilidades desde cedo. Ao mesmo tempo, a precocidade foi marcada por uma busca constante pelo autoconhecimento e pela formação de minha identidade. Minha premissa era que, ao me conhecer melhor, teria condições de superar as barreiras da pouca idade em relação a todos os ambientes que frequentava.

Porém, ao mesmo tempo que me aprofundava em me conhecer melhor e buscando forjar minha identidade, me sentia como um "forasteiro", um espírito que resistia ao confinamento em um único grupo, sempre buscando a riqueza de conexões com diferentes grupos e comunidades diversas.

Minha vida é uma jornada de coragem e autoconhecimento, inspirada por uma crença inabalável no potencial humano, na igualdade de oportunidades e na autonomia individual. Enfrentando os altos e baixos da vida com coragem, curiosidade e perseverança, procuro aprender com os erros e abraçar pequenos atos de amor com grande significado.

Saber de onde viemos e como formamos valores que constituem nosso eu verdadeiro são chaves para enfrentar todo processo de transição em nossas vidas. Por meio do autoconhecimento, do desenvolvimento do seu caráter baseado no alicerce de seus valores familiares e de sua educação é que enfrentamos tempestades e mares revoltos em nossas vidas.

Às vezes, na agitação do mundo exterior, esquecemos o tesouro que reside dentro de nós — o nosso próprio potencial ilimitado. A jornada do autoconhecimento é um convite à exploração das profundezas do nosso ser, um mergulho nas águas do autoconhecimento que pode revelar um tesouro oculto de habilidades, paixões e potencialidades.

Cada passo que você deu, cada desafio que enfrentou, moldou a pessoa que é hoje. Convido-o a mergulhar no oceano das suas memórias, a revisitar os momentos de triunfo e as situações que o levaram a tropeçar. Cada experiência contém lições preciosas que o ajudaram a crescer e evoluir. Pergunte a si mesmo: quais foram os momentos que mais me desafiaram? O que aprendi com eles? Como eles me moldaram?

A jornada do autoconhecimento começa nas camadas da sua própria história. Ao refletir sobre sua história, comece identificando as chamadas experiências de fluxo e, em especial, as autotélicas.

Experiências autotélicas são atividades ou experiências que são realizadas por si mesmas, com a recompensa ou satisfação derivando diretamente da própria atividade, e não de um resultado externo. A palavra "autotélica" vem do grego "auto" (eu) e "*télos*" (meta ou fim), significando algo que tem um propósito em si mesmo.

Nestas experiências, as pessoas estão tão envolvidas na atividade que nada mais parece importar; a experiência é tão agradável que as pessoas farão isso mesmo com um custo considerável, pelo simples fato de fazê-lo. Exemplos comuns de atividades autotélicas incluem *hobbies* criativos, como pintar ou escrever, praticar esportes, tocar um instrumento musical, ou até mesmo o ato de aprender algo novo.

O fluxo é um estado mental caracterizado por completa absorção em uma atividade. Durante o fluxo, as pessoas estão totalmente imersas no que estão fazendo, perdendo a noção do tempo e da autoconsciência. Muitas vezes é descrito como um estado de "estar na zona".

O fluxo ocorre quando o nível de desafio em uma atividade coincide com o nível de habilidade de um indivíduo. Se o desafio for muito baixo, pode levar ao tédio; se for muito alto, pode levar à ansiedade. O fluxo é mais provável de ocorrer quando há um equilíbrio entre os dois.

Experiências de fluxo autotélicas são atividades intrinsecamente recompensadoras e agradáveis realizadas por si mesmas, em vez de por recompensas externas. Participar de atividades autotélicas pode levar à experiência de fluxo.

Flow: a psicologia do alto desempenho e da felicidade, escrito por Mihaly Csikszentmihalyi (2020),[5] explora o conceito de "fluxo", um estado mental em que uma pessoa está completamente absorta em uma atividade e desfruta de uma sensação de envolvimento total, foco e satisfação. Csikszentmihalyi argumenta que

---

[5] Mihaly Csikszentmihalyi foi um psicólogo húngaro-americano, conhecido por ter cunhado o conceito de "fluxo", um estado de imersão e envolvimento total em atividades. Ele foi professor na Claremont Graduate University e autor de vários livros influentes, como *Flow: the psychology of optimal experience*. Sua pesquisa pioneira sobre a felicidade, criatividade, bem-estar subjetivo e motivação teve um impacto significativo na psicologia positiva.

alcançar o estado de fluxo é a chave para uma vida plena e feliz, pois ele ocorre quando enfrentamos desafios que são nem muito fáceis nem muito difíceis, mas que precisamente correspondem às nossas habilidades. O livro combina pesquisas psicológicas com exemplos práticos para mostrar como indivíduos podem cultivar o fluxo em suas vidas, seja no trabalho, nas relações sociais ou em atividades de lazer, e como isso pode melhorar a qualidade de vida, a satisfação pessoal e o desempenho.

O conceito de fluxo se aplica a diversos aspectos da vida, incluindo trabalho, lazer, criatividade e relacionamentos. Csikszentmihalyi explora como as pessoas podem encontrar e cultivar o fluxo em diferentes contextos.

Fluxo como um "caminho para a realização": Csikszentmihalyi sugere que experimentar regularmente o fluxo pode levar a uma vida mais realizada e significativa. Participar de atividades que promovem o fluxo pode contribuir para o crescimento pessoal, aumento do bem-estar e uma sensação de propósito.

As pessoas podem cultivar e criar condições que incentivem o fluxo em suas vidas. Isso inclui definir objetivos claros, buscar desafios, desenvolver habilidades e manter a atenção focada.

Cada pessoa é um quebra-cabeça único de experiências, qualidades e sonhos. Celebrar a nossa individualidade e reconhecer que somos uma obra-prima em constante evolução são chaves para buscar nosso potencial pleno.

Agora, dirija seu olhar para dentro, para suas qualidades e dons. O que você faz excepcionalmente bem? Que atividades o fazem sentir-se energizado e realizado? Ao identificar seus pontos fortes, você está descobrindo as ferramentas que o capacitam a enfrentar desafios e abraçar oportunidades. Permita-se reconhecer e celebrar essas habilidades, pois são elas que o conduzirão em direção ao seu potencial máximo.

As paixões que ardorosamente inflamam em seu íntimo são comparáveis a faróis magnéticos que desvendam os caminhos a serem percorridos, orientando-o com segurança em direção aos horizontes desejados. Pergunte a si mesmo: qual é a chama que incendeia sua alma? O que imerge você a ponto de o tempo se tornar uma mera ilusão? Independentemente da aparente extravagância ou singularidade, são essas paixões que entrelaçam os fios intricados da tapeçaria que compõe a trama de sua trajetória vital. A tarefa que se impõe é a de regá-las com tempo e dedicação, permitindo que elas não apenas floresçam, mas também o conduzam com maestria em direção às oportunidades que ecoam com a sua própria essência.

Cultivar suas paixões e mergulhar de forma autotélica em suas experiências são como afinar um instrumento raro e precioso. Assim como um músico sintoniza cada corda com esmero para extrair notas harmoniosas, você também deve sintonizar-se com suas paixões. Explore-as profundamente, como um alquimista mergulhando nas profundezas da sua arte. Conheça cada matiz, cada inflexão, e permita-se transcender as barreiras do tempo quando se entrega a esses momentos mágicos. Dessa forma, você cria um diálogo íntimo entre sua alma e suas paixões, construindo um relacionamento autêntico que floresce à medida que você se permite explorar e expandir os limites do que é possível.

Ao internalizar esse processo, você se torna um artesão da sua própria jornada, moldando-a com maestria e intenção. Deixe suas paixões e experiências autotélicas servirem como bússolas internas, apontando na direção das oportunidades que genuinamente ressoam com sua identidade mais profunda.

Abra-se para os fluxos da vida, permitindo que essas paixões não apenas o elevem, mas também o orientem com discernimento e sabedoria. Ao trilhar esse caminho enriquecedor, você tece uma história única e cativante, em que cada capítulo é iluminado pela luz radiante das paixões que você cultivou com tanto amor e dedicação.

A busca pelo autoconhecimento é uma jornada fascinante e constante, um enredo que se desenrola gradualmente à medida que você amadurece e evolui. À medida que trilha esse percurso, a cada passo, novas dimensões do seu potencial emergem, como as páginas de um livro sendo viradas. Esteja disposto a mergulhar de cabeça em experiências inexploradas, a abraçar lições valiosas e a enfrentar desafios enriquecedores. Mantenha viva a chama da curiosidade, permitindo que a sua mente se torne um terreno fértil para a constante aprendizagem e crescimento. É por meio dessa abertura que você não apenas revelará facetas inesperadas de si mesmo, mas também florescerá em direção ao seu potencial mais profundo.

A ação é o fio condutor que tece a trama dessa jornada contínua. Cada escolha que você faz, cada passo que dá, contribui para o mosaico único que é sua jornada pessoal. A importância da ação reside no fato de que é por meio dela que você transforma suas intenções em realidade tangível. Ação é o elo que conecta os sonhos ao mundo concreto, permitindo que você construa pontes entre suas aspirações e conquistas concretas. Enquanto se aventura no desconhecido, lembre-se de que cada passo adiante é uma oportunidade para expandir seu horizonte interior, para moldar a argila da sua identidade com as mãos corajosas da experiência.

A perseverança na ação é o catalisador que desencadeia o verdadeiro florescimento. Assim como um jardineiro cuida de suas plantas, regando-as regularmente e proporcionando o ambiente certo para o crescimento, você também deve cuidar das sementes das suas ambições com comprometimento e dedicação contínuos. Cada ação, por menor que pareça, é um tijolo na construção da sua jornada. Lembre-se de que o segredo está em permanecer aberto às lições que a jornada oferece, transformando cada desafio em uma oportunidade de aprendizado e aprimoramento. Ao trilhar o caminho da ação constante, você está se comprometendo a um ciclo virtuoso de evolução pessoal, expandindo os limites do que é possível e moldando um futuro rico em realizações e significado.

A viagem pessoal que compartilhei no início deste capítulo foi o ponto de partida que me impulsionou a mergulhar profundamente em métodos e orientações práticas sobre como buscar o autoconhecimento de maneira intencional. Em retrospecto, busquei sempre as atividades autotélicas e, ao mesmo tempo, procurava me expor a novas experiências e enfrentar desafios com determinação.

Ao longo dos anos e à medida que acumulava conquistas e amadurecimento com tropeços e quedas, cultivei dentro de mim uma crença de que podia realizar grandes feitos se me dedicasse e encarasse de frente os desafios. Estava nutrindo dentro de mim o autoengano de acreditar que era um "super-realizador".

Nesse percurso, me deparei com o intrigante conceito da "maldição dos super-realizadores". Para minha surpresa, me vi confrontando vários desafios íntimos entrelaçados a essa ideia. Foi um choque revelador perceber o quanto, de maneira sutil, evitei encarar as implicações negativas de uma trajetória repleta de êxitos. Uma jornada em que sempre busquei os desafios mais audaciosos, missões que pareciam além do alcance. Foi nessa busca pela adrenalina que eu rumei por seis países distintos, em quatro continentes variados. Sempre na corda bamba, ultrapassava obstáculos com uma determinação e resiliência incansáveis. Atrás da próxima esquina, o próximo desafio, maior e mais complexo, sempre esperava por mim. Essa ânsia insaciável por superar limites e alcançar um padrão de desempenho cada vez mais alto é como uma droga que, apesar dos êxitos, carrega consigo efeitos colaterais que ecoam em várias esferas de nossa existência.

A ideia por trás da "maldição do super-realizador" refere-se às possíveis desvantagens e desafios que podem surgir ao ser um super-realizador ou alguém que busca alcançar muito na vida. Embora atingir o sucesso e alcançar metas sejam geralmente considerados positivos, a maldição do super-realizador sugere que pode haver consequências negativas associadas a esforçar-se constantemente pela excelência e a ultrapassar os próprios limites.

A essência da maldição do super-realizador gira em torno de diversos pontos fundamentais:

1. *Perfeccionismo e estresse*: super-realizadores muitas vezes estabelecem padrões extremamente elevados para si mesmos e podem se tornar perfeccionistas. Essa busca

pela perfeição pode levar ao estresse crônico, à ansiedade e ao esgotamento, uma vez que eles sempre sentem a pressão de atender ou exceder suas próprias expectativas. Fui diagnosticado com transtorno de ansiedade há alguns anos. Procurei ajuda e tratamento para lidar com a ansiedade. Aprendi a identificar gatilhos e, com a prática da meditação, controlar como responder a esses gatilhos.

2. *Síndrome do impostor*: super-realizadores podem vivenciar a síndrome do impostor, um sentimento de inadequação ou o medo de serem expostos como fraude, apesar das evidências de suas conquistas. Eles podem acreditar que suas realizações são resultado da sorte, em vez de suas próprias habilidades, o que leva à autodúvida. No meu caso, tem muito a ver com o fato de que sou muito exigente comigo mesmo. Esta autoexigência, muitas vezes em padrões inatingíveis, podem limitar nosso crescimento e comprometer nossa autoconfiança em abraçar novas oportunidades.

3. *Equilíbrio delicado*: equilibrar múltiplas responsabilidades e compromissos pode se tornar avassalador para os super-realizadores, afetando seu bem-estar, relacionamentos pessoais e qualidade de vida geral. A constante tarefa de malabarismo pode levar à negligência do autocuidado ou a experimentar uma falta de equilíbrio entre trabalho e vida pessoal. Em vários momentos eu assumi papéis e responsabilidades que estavam além de minha capacidade física e mental. Aprendi com o tempo que temos que alternar em nossos papéis, por exemplo, de provedor da família, e compartilhar nossos limites e vulnerabilidades para que nossa rede de apoio atue em nosso favor.

4. *Relacionamentos*: a busca pelo sucesso pode, por vezes, tensionar os relacionamentos, pois os super-realizadores podem priorizar seus objetivos em detrimento de passar tempo com entes queridos ou nutrir conexões sociais. Procurei sempre colocar minha carreira no mesmo nível de impor-

tância da minha família. Aprendi a tomar decisões que afetaram minha carreira a favor de minha família. Além disso, procurei sempre dividir meus desafios e dilemas com eles e com isso trazer o entendimento e o apoio.

5. *Medo do fracasso*: super-realizadores podem desenvolver um medo intenso do fracasso, o que pode inibir sua disposição para correr riscos ou explorar novas áreas. Esse medo pode limitar o crescimento pessoal e a criatividade. Sempre procurei para mim desafios que iam além de minha capacidade. Em outras palavras, abraçava desafios que colocariam minha carreira em risco, mas que iriam me fazer crescer e evoluir. Aprendi que o fracasso não é um problema, mas um grande aliado e um ótimo professor.

6. *Perda do prazer*: a busca implacável pelo sucesso pode levar os super-realizadores a perderem de vista o prazer e a paixão que inicialmente impulsionaram suas buscas. Atividades que antes eram gratificantes podem se transformar em fontes de estresse e pressão. Procurei compensar esta busca por sucesso e resultados com propósito e valores sólidos. Ou seja, não perseguir o sucesso a qualquer custo e redefinir o que significa para mim o sucesso que vai além de reconhecimento financeiro e promoções.

7. *Consequências para a saúde*: a maldição do super-realizador pode se manifestar em problemas de saúde física devido ao estresse crônico, como distúrbios do sono, sistema imunológico enfraquecido e outras doenças relacionadas com o estresse. Enfrentei o transtorno de ansiedade e descobri a importância de cuidar de nossa saúde mental, não somente física. Uma abordagem saudável para sua mente só traz benefícios. Pude comprovar na prática a importância de terapias para lidar com o estresse, da qualidade do sono restaurativo e do poder da meditação.

É importante ressaltar que nem todos os super-realizadores enfrentarão esses desafios, e muitas pessoas conseguem direcionar sua ambição e determinação para resultados positivos sem ceder aos aspectos negativos da maldição do super-realizador. No entanto, estar ciente dessas armadilhas potenciais e administrá--las ativamente podem ajudar os super-realizadores a navegar em direção ao sucesso de forma mais equilibrada e sustentável.

Na fascinante jornada do autoconhecimento e crescimento pessoal, a exploração curiosa das suposições que dão forma às nossas visões de mundo emerge como um ponto crucial de partida. Ao questionarmos as bases das crenças que nos são familiares, criamos um terreno fértil para uma exploração mais profunda e autêntica. Essa abordagem pode ser comparada ao ato de abrir as cortinas de uma janela, permitindo que a luz da compreensão penetre nos recantos mais sombrios da nossa mente.

"A parábola do elefante amarrado" é frequentemente usada em contextos educacionais e filosóficos para transmitir lições sobre limitações autoimpostas e a importância de questionar crenças.

A história descreve um elefante que é amarrado a um pequeno bambu desde a sua infância. No início, o elefante tenta se libertar, mas a corrente o mantém preso. À medida que o elefante cresce, ele aprende que não consegue quebrar a corrente e desiste de tentar. Eventualmente, mesmo quando ele se torna um gigantesco e poderoso elefante, ele ainda acredita que não pode se libertar da corrente ligada ao pequeno bambu.

A moral da história é que, muitas vezes, somos limitados por crenças autoimpostas ou por hábitos arraigados que nos impedem de alcançar nosso verdadeiro potencial. Assim como o elefante poderia facilmente quebrar a corrente e se libertar, nós também podemos superar nossas próprias limitações ao questionar nossas crenças e desafiar as restrições que acreditamos existir.

Visualize-se como um cientista. Agir como um cientista significa adotar uma abordagem metódica e baseada em evidências para a investigação, mantendo-se aberto a novas ideias e mudanças com base em descobertas empíricas, e agindo com integridade e responsabilidade ética.

Use a abordagem de um cientista para questionar cada premissa que você adotou como inquestionável e veraz. Desafie-se a indagar: por que essa crença habita em mim? Quais eventos ou influências a originaram? Ao embarcar nessa investigação, você dá um passo significativo em direção à ampliação do seu conhecimento e percepção.

Em particular, vale a pena direcionar essa exploração às crenças limitadoras que podem secretamente minar nosso potencial. Essas crenças, muitas vezes enraizadas no subconsciente, atuam como paredes invisíveis que restringem nossa autenticidade e crescimento. Questionar essas barreiras internas é como lançar uma luz sobre a escuridão, revelando padrões negativos que podem ter nos afastado de realizações e conquistas.

Ao desafiar as crenças limitadoras, você se liberta para alcançar alturas anteriormente inimagináveis. O processo pode ser desafiador, mas a recompensa é imensa: a oportunidade de romper com os grilhões do passado e moldar conscientemente uma visão de mundo mais empoderadora e resiliente.

A exploração científica não é apenas um exercício intelectual, mas uma jornada interior profundamente transformadora. Conforme desvendamos as camadas das nossas crenças e questionamos nossas suposições mais arraigadas, nos abrimos para uma reinvenção pessoal e para o florescimento de todo o nosso potencial. Portanto, ao questionar suas suposições, você não apenas expande seu horizonte mental, mas também desenha os contornos de uma jornada interior enriquecedora e significativa, moldando uma realidade que reflete sua verdadeira essência.

Mas como sabemos que estamos realizando nosso potencial? Minha resposta a essa pergunta foi por muito tempo baseada nas minhas conquistas e realizações, até que entendi que a resposta está em medir nosso progresso. Entender o quanto estamos evoluindo e nos tornando uma versão melhor de nós mesmos. A realização de nosso potencial não é equivalente a ganhar uma competição ou nos compararmos a outras pessoas, mas sim entender o quanto estamos moldando nossos comportamentos e fortalecendo nossa capacidade de fazer a diferença na busca pelos nossos sonhos e propósitos.

Na autobiografia de Nelson Mandela (2020), *Longa caminhada até a liberdade*, o último parágrafo nos inspira a olhar a realização de nosso potencial como progresso, uma longa caminhada que nunca termina:

> Eu caminhei por essa longa estrada para a liberdade. Tentei não vacilar; cometi erros ao longo do caminho. Mas descobri o segredo de que, após escalar uma grande colina, apenas se descobre que há muitas outras colinas a escalar. Tirei um momento aqui para descansar, para roubar uma vista da gloriosa paisagem que me rodeia, para olhar para trás na distância que percorri. Mas posso descansar apenas por um momento, pois com a liberdade vêm responsabilidades, e não ouso demorar, pois minha longa caminhada ainda não terminou.

PRÁTICA: HISTÓRIA DE VIDA[6]

Uma reflexão sobre *sua história* de vida traz importantes contribuições para a preparação para enfrentar transições de vida profissional ou pessoal, seja para uma decisão mais imediata, seja para planejar os passos a longo prazo.

Cada momento de nossa vida pode nos trazer ou esclarecer os motivos determinantes de nossas escolhas, examinar situações que nos trouxeram as maiores satisfações e insatisfações e as razões que as geraram. Com isto estaremos aprofundando nosso autoconhecimento e ajudando a tomar decisões ou fazer escolhas em momentos importantes.

---

[6] Esta prática se baseia em Vicky Bloch, uma psicóloga e consultora de altos executivos com mais de 40 anos de experiência profissional. Ela liderou a área de Recursos Humanos em empresas dos setores financeiro, de serviços e indústria.

Para fazer este trabalho, comece por um exercício que busca ajudá-lo a descrever *sua história*, como se fosse escrever sua autobiografia. Não se importe com a qualidade literária do texto, pois ele é destinado a você mesmo. Reflita e enfatize fatos e situações impactantes, tenham eles sido positivos ou negativos, pense no cenário em que ocorreram e os fatores que determinaram decisões e sentimentos mais significativos.

Dê atenção, em particular, aos motivos que o levaram a tomar um caminho ou outro, se foram escolhidos por você ou determinados por outras pessoas e/ou circunstâncias.

Ao fazer esse trabalho, eu procuro explorar respostas para as seguintes perguntas que me ajudam a me conhecer melhor:

- Baseado em como fizemos nossas escolhas em situações desafiadoras, com quais ações específicas eu irei me comprometer para me transformar na melhor versão de mim mesmo? Quais comportamentos, hábitos, relações profissionais e pessoais eu estarei disposto a rever e eventualmente abandonar?

- Baseado nas escolhas em que acreditei ter feito "a coisa certa" independentemente do resultado final, quais são minhas crenças e valores fundamentais? Quais crenças são limitantes, negociáveis e quais valores são inegociáveis? Quais fatores podem influenciar uma mudança positiva nessas crenças?

- Baseado nos momentos e fases importantes de minha vida, como eu descreveria uma vida verdadeiramente produtiva e significativa para mim mesmo? O que eu posso fazer para proteger estes momentos significativos e produtivos no meu dia a dia?

- Baseado em escolhas e decisões que não funcionaram como eu esperava, quais hábitos e comportamentos eu tenho que ajustar ou mudar? Como mapear e evitar as armadilhas internas (meus gatilhos emocionais) e externas (relacionamentos e ambientes) que podem atrapalhar minha capacidade de fazer escolhas certas para meu progresso?

CAPÍTULO 3

Mapa do propósito

Aqueles que têm um "porquê" para viver,
podem suportar quase qualquer "como".

VIKTOR E. FRANKL[7]

Durante minha estadia na África do Sul, tive o privilégio de visitar e conhecer de perto um projeto de cuidados para pacientes com o vírus HIV em uma comunidade desfavorecida no coração da nação. Essa visita marcou profundamente minha vida, um encontro que se revelou uma lição vívida sobre como transformar uma causa em propósito e ações efetivas, capaz de gerar resultados transformadores.

Este projeto, liderado pela irmã Georgina e o bispo Kevin Dowling, é um modelo de como uma jornada de compaixão e transformação pode acender a chama da esperança em uma situação desafiadora extrema. Essa é a extraordinária história de como a visão de uma irmã, de um bispo e da força coletiva de uma comunidade resiliente deu origem ao Tapologo, uma luz brilhante nos momentos mais sombrios daqueles que enfrentavam o estigma do vírus HIV.

Foi no silencioso mês de maio de 1997 que irmã Georgina, com determinação inabalável, lançou os alicerces do que se tor-

---

[7] Viktor E. Frankl foi um neurologista e psiquiatra austríaco, fundador da logoterapia e sobrevivente do Holocausto. Ele é mais conhecido por seu influente livro *Man's search for meaning*, no qual descreve suas experiências nos campos de concentração e discute como a busca por um propósito e significado na vida pode ajudar as pessoas a superar sofrimentos e adversidades.

naria um legado de mais de 25 anos. Ela não chegou com todas as respostas, mas, em vez disso, convidou aqueles que conheciam os segredos mais profundos daquela comunidade, suas alegrias e suas tristezas. Com uma ética enraizada na inclusão, irmã Georgina treinou as mulheres da comunidade para fornecer cuidados de enfermagem nas casas que conheciam tão intimamente.

No entanto, esse caminho estava repleto de perigos, uma época em que mitos e discriminação pairavam sobre a epidemia da Aids. À medida que as enfermeiras adentravam essas casas, sussurros e acusações ecoavam pelos corredores. O medo lançava sua sombra sobre a comunidade, resultando em ataques, violência e ameaças direcionadas a Georgina. No entanto, diante dessa adversidade implacável, a comunidade do Tapologo se uniu com determinação. Declararam com firmeza: "Este é o nosso projeto", e estenderam a mão, convidando Georgina e sua equipe de volta ao seu abraço.

Essa história se desdobrou por meio de dedicação incansável. Membros da comunidade foram treinados e capacitados com habilidades essenciais de aconselhamento, por meio de organizações como a LifeLine, e supervisionados por enfermeiros profissionais. Foi um trabalho permeado de amor, um modelo que seria replicado nos centros do Tapologo em toda a região.

O bispo Kevin Dowling, um pastor compassivo, caminhou ao lado dos cuidadores, adentrando nas casas humildes sob o sol impiedoso da África. Sentou-se com mulheres cujas lágrimas se misturavam com o suor da opressiva atmosfera. Uma memória, profundamente gravada em seu coração, foi uma conversa com uma mulher que havia perdido toda a esperança. Suas palavras ecoaram a dor de inúmeras outras que sentiam a desumanização cruel imposta pela pobreza, marginalização e desigualdade de gênero.

Enquanto testemunhava essas histórias angustiantes, o bispo Kevin se perguntava como essas mulheres haviam suportado tanto sofrimento. Muitas eram refugiadas de terras distantes ou haviam migrado de regiões carentes de oportunidades. Elas chegavam em busca de um raio de esperança, muitas vezes acabando em bares onde a prostituição era disseminada pelo contato com os trabalhadores das minas da região, separados de suas próprias famílias. Era um coquetel perigoso de vulnerabilidade, com mulheres chegando com sonhos frágeis e homens com dinheiro, mas sem laços familiares.

Em meio a esse ambiente onde as mulheres estavam em vulnerabilidade extrema, o Tapologo brilhou como um testemunho do espírito indomável da compaixão e da força de um propósito inabalável. Foi um testemunho do poder da comunidade, da compaixão e da dedicação inabalável. A jornada de irmã Georgina e do bispo Kevin Dowling serve como um lembrete eterno de que, mesmo nas circunstâncias mais sombrias, o amor, a empatia e a união podem transformar vidas e iluminar os recantos mais escuros do mundo.

Mas, além de suas ações transformadoras, essa experiência me ensinou algo precioso. No mundo corporativo, estamos frequentemente focados em bater metas e mostrar resultados, na maioria das vezes desconectados da essência do negócio e de seu propósito. No entanto, a abordagem no projeto Tapologo mostrou que é possível traduzir um propósito tão humano e profundo em ações concretas e mensuráveis. O bispo Kevin Dowling compartilhou comigo o propósito do projeto em dar dignidade à vida humana para as vítimas do vírus HIV, especialmente mulheres vulneráveis e seus filhos. Ele me demonstrou como transformaram esse propósito em ações específicas, tangíveis, e em um ciclo contínuo de aprendizado e impacto.

Algumas das ações que tiveram impacto mensurável foram: treinar um grupo de voluntários que visitavam as casas das vítimas para dar cuidados de saúde, higiene e para cuidar dos filhos; fornecer o retroviral do HIV para grávidas, fazendo com que o índice de nascimento de bebês portadores do vírus caísse praticamente a zero e estendendo a vida dessas mães e, portanto, o cuidado com seus bebês; campanha de conscientização da comunidade sobre a doença e contaminação, acabando com o estigma que as vítimas carregavam, diminuindo significativamente o abandono de vítimas enfraquecidas em seus lares. Muitas dessas ações foram aprendidas com melhores práticas externas e, como o caso do retroviral, com o exemplo do que ocorreu no Brasil. A mágica reside em transformar esperança em ações concretas, e ações em aprendizado e impacto. A lição fundamental é focar nas ações, não apenas nos resultados finais, e encontrar motivação nesse processo.

A jornada de irmã Georgina e do bispo Kevin Dowling é uma inspiração para todos nós, um lembrete de que, ao traduzir nosso propósito em ações significativas, podemos iluminar os cantos mais escuros da existência humana.

Este encontro repleto de compaixão e esperança me fez refletir que, mesmo diante de desafios aparentemente insuperáveis, ter um propósito inabalável e um conjunto de ações efetivas pode transformar vidas e iluminar os cantos mais sombrios da existência humana. É uma história de como a agência individual e a força de uma comunidade engajada colocadas a serviço de um propósito inabalável podem transformar realidades e gerar impacto real e duradouro.

Devemos encarar nossas transições como projetos. Os projetos frequentemente têm início com um salto direto para uma solução, muitas vezes até mesmo uma tecnologia ou solução específica. Mas esse não é o ponto de partida adequado. Você deseja começar fazendo perguntas e considerando alternativas. Desde o início, sempre assuma que há mais a aprender.

Comece com a pergunta mais fundamental de todas: por quê? Em um mundo movido pela urgência e pela busca constante por respostas rápidas, é fácil ceder à tentação de seguir o caminho mais rápido para uma solução aparentemente pronta. No entanto, a verdadeira essência de transições bem-sucedidas começa com a disposição de sondar os porquês profundos que são o caminho para desenhar um propósito relevante. É como desvendar um enigma intrigante, em que cada pergunta desencadeia uma jornada de descobertas e *insights*. Portanto, quando você se depara com uma transição, respire fundo, mergulhe na curiosidade e permita-se explorar seu propósito pessoal antes de traçar seu caminho em direção à resposta certa.

Ter um propósito pessoal significa ter uma razão clara e significativa para sua existência, algo que vai além das atividades e metas do dia a dia. Isso está frequentemente associado a um senso de missão, de legado de realizações que são associados a dar um significado mais profundo às nossas vidas.

Muito se tem falado sobre propósito e, apesar do ceticismo de alguns, a importância de ter um propósito na vida é amplamente reconhecida tanto na sabedoria tradicional quanto na ciência contemporânea. Vários estudos têm mostrado que indivíduos que têm um claro senso de propósito tendem a experimentar melhor saúde mental e física. Eles relatam níveis mais baixos de estresse, depressão e ansiedade, e têm uma qualidade de vida geralmente mais elevada. Além disso, pesquisas sugerem que pessoas com um forte senso de propósito tendem a viver vidas mais longas e saudáveis. Ter uma razão para viver e se manter engajado na vida pode produzir um efeito protetor sobre a saúde e, por consequência, em nossa longevidade saudável.

Aqui estão algumas evidências científicas que destacam a relevância de ter propósito na vida:

1. *Saúde mental melhorada*: estudos têm mostrado que indivíduos com um senso claro de propósito tendem a experimentar menos sintomas de depressão, ansiedade e estresse. Ter um propósito pode proporcionar um senso de direção e significado, o que contribui para uma melhor saúde mental.

2. *Longevidade*: pesquisas longitudinais têm encontrado uma ligação entre ter um propósito de vida e uma maior expectativa de vida. Pessoas que relatam ter um propósito são mais propensas a adotar comportamentos saudáveis, como cuidados médicos regulares, alimentação balanceada e prática de exercícios, o que pode contribuir para uma vida mais longa e saudável.

3. *Resiliência*: um senso de propósito pode aumentar a resiliência emocional e a capacidade de lidar com desafios. Indivíduos com um propósito bem definido tendem a enfrentar adversidades de maneira mais construtiva, encontrando significado mesmo em momentos difíceis.

4. *Melhor tomada de decisão*: ter um propósito pode servir como um guia para a tomada de decisões. Quando você sabe qual é o seu propósito, fica mais fácil avaliar escolhas e direcionar suas ações de acordo com o que é mais alinhado com seus valores e objetivos de longo prazo.

5. *Bem-estar emocional*: pessoas que vivenciam um senso de propósito frequentemente relatam um maior nível de satisfação e bem-estar emocional em suas vidas. Isso ocorre porque um propósito pode proporcionar uma sensação de realização e alegria genuína.

6. *Melhoria na função cognitiva*: estudos sugerem que ter um propósito pode estar associado a uma melhoria na função cognitiva, incluindo memória e habilidades de resolução de problemas. O senso de significado pode estimular o cérebro e contribuir para sua saúde ao longo do tempo.

7. *Redução do risco de doenças cardiovasculares*: pesquisas indicam que pessoas que vivem com um propósito têm menor risco de desenvolver doenças cardiovasculares. Isso pode ser resultado da combinação de comportamentos saudáveis e do impacto positivo do propósito na redução do estresse.

8. *Impacto social positivo*: ter um propósito frequentemente implica se envolver em atividades que beneficiam a comunidade ou a sociedade como um todo. Isso pode levar a uma maior sensação de conexão social, o que é crucial para o bem-estar emocional e psicológico.

9. *Estímulo à autodisciplina*: um senso de propósito pode servir como uma motivação intrínseca para atingir metas e objetivos de longo prazo. Isso pode ajudar na constru-

ção da autodisciplina e no compromisso com a autorrealização.

10. *Diminuição do risco de demência*: alguns estudos sugerem que ter um propósito na vida pode estar associado a um menor risco de desenvolver demência e outras condições neurodegenerativas. O envolvimento mental e emocional com um propósito pode exercer um efeito protetor no cérebro.

Essas evidências científicas mostram que o propósito não é apenas um conceito abstrato, mas algo que tem implicações profundas em nossa saúde e bem-estar em várias áreas da vida. Ter um propósito pode servir como um mapa que guia nossas ações, fortalece nossa resiliência e contribui para uma vida mais significativa e gratificante.

Começamos nossa jornada explorando o conceito de "achar o seu porquê", popularizado por Simon Sinek.[8] Essa ideia nos lembra da importância de identificar e abraçar nosso propósito mais profundo na vida. Imagine o seu "porquê" como uma bússola interna que orienta todas as suas ações, decisões e aspirações. Ao se conectar com seu propósito, você desperta uma chama interna que ilumina seu caminho e dá significado a cada passo dado.

Para descobrir o seu porquê, reserve um tempo para refletir sobre suas paixões, valores e aquilo que o faz sentir-se mais vivo. Pergunte a si mesmo: "o que me motiva a levantar da cama todas as manhãs?". Ao encontrar respostas honestas, você estará no caminho certo para cultivar seu verdadeiro eu.

O próximo passo em nossa jornada é abraçar o "jogo infinito", também inspirado por Simon Sinek (2020). Nessa abordagem, a vida é vista como uma jornada contínua, não um destino final a ser alcançado. Ao adotar essa mentalidade, você deixa de lado

---

[8] Simon Sinek é um autor e palestrante motivacional conhecido por popularizar o conceito de *start with why*, incentivando as pessoas e organizações a focarem em seu propósito e inspiração.

a busca frenética por metas finais e abraça a evolução constante como um modo de vida.

Em vez de se preocupar excessivamente com os resultados, concentre-se em crescer, aprender e se adaptar. Permita-se explorar novos territórios, experimentar diferentes aspectos da vida e abraçar os desafios como oportunidades de aprendizado. A jornada se torna tão importante quanto o destino, e cada passo é uma oportunidade de se conectar mais profundamente com o seu verdadeiro eu.

O primeiro passo e fundamental é planejar as ações prioritárias. Imagine cada segundo investido em criar um plano de ações como uma semente plantada em solo fértil. À primeira vista, pode parecer que estamos desperdiçando preciosos momentos que poderiam ser gastos na ação direta. No entanto, essa é a ilusão da superficialidade. Cada segundo investido agora é um investimento no futuro, uma promissora colheita que aguarda pacientemente o momento certo para florescer.

Um bom planejamento não é apenas uma ferramenta; é o nosso anjo da guarda no mundo caótico em que vivemos. Ele não apenas nos orienta, mas também nos protege. Ele é o escudo que garante que nossas ações sejam coerentes e efetivas.

Pode parecer paradoxal, mas a verdade é que o custo de um planejamento meticuloso é infinitamente menor do que o preço pago por ações falhas ou falsos começos. Imagine um construtor que, em sua pressa, negligencia o alicerce de uma casa. No começo, pode parecer que ele está economizando tempo, mas, no final, o edifício inteiro pode desmoronar sob o peso de suas escolhas apressadas. Um planejamento sólido é a base sobre a qual construímos uma transição de vida enriquecedora.

Rita Gunther McGrath e Ian C. MacMillan (2009)[9] desenvolveram o conceito de *discovery-driven planning* (DDP), planeja-

---

[9] Rita Gunther McGrath é uma autora de *best-sellers*, conselheira e palestrante renomada, e professora de longa data na Columbia Business School. Reconhecida como uma das principais especialistas mundiais em estratégia e inovação, McGrath escreveu vários livros, incluindo *Seeing around corners* e *The end of*

mento orientado por descobertas. Eles introduziram esse conceito de planejamento em um artigo na *Harvard Business Review* em 1995 e, desde então, ele tem sido referenciado em uma série de livros e artigos.

O DDP é uma abordagem de planejamento estratégico e de gestão de projetos que é particularmente adequada para novas empreitadas e inovações, onde a incerteza é alta e os modelos de negócios ainda não estão comprovados.

A proposta central do DDP é inverter o processo de planejamento tradicional. Em vez de começar com previsões e projeções otimistas, a DDP começa com o reconhecimento da incerteza e identificação de premissas que são críticas para o sucesso do projeto.

O planejamento orientado pela descoberta é como embarcar em uma aventura cheia de mistérios e reviravoltas. Imagine-se explorando terras desconhecidas, onde o futuro é nebuloso e as trilhas são incertas. Nessa aventura, começamos com um conjunto de premissas, cenários e estimativas para o que está por vir, mas esse conjunto de suposições ainda não foi testado.

À medida que avançamos, é aconselhável não perder tempo tentando decifrar o futuro com precisão infalível. Em vez disso, adotamos a mentalidade de um aventureiro, aprendendo à medida que avançamos e ajustando nosso curso com base nas pistas e revelações que coletamos durante a jornada. Nessa aventura, nosso foco é validar as premissas, imaginar cenários alternativos e atualizar nossas estimativas. É importante se perguntar constantemente: quais premissas devem se provar verdadeiras para que possamos avançar?

Nesse processo estabelecemos marcos, como marcos em um mapa, e métricas para medir o progresso. Esses marcos não ape-

---

competitive advantage. Ian C. MacMillan é o professor emérito Dhirubhai Ambani de Empreendedorismo e Inovação na Wharton School da Universidade da Pensilvânia. Com uma carreira anterior como engenheiro químico, MacMillan possui uma extensa experiência em consultoria empresarial e publicou numerosos artigos em prestigiadas revistas de negócios.

nas marcam o caminho, mas também indicam quando devemos tomar decisões cruciais. Se nossas premissas não forem confirmadas ao atingir um marco, é hora de reconsiderar, recalibrar ou até mesmo mudar completamente o curso.

Recursos são distribuídos de forma flexível ao longo do caminho, como suprimentos sendo entregues conforme necessário. Não é recomendável investir todos os recursos no início, mas sim incrementalmente à medida que desvendamos mais informações e validamos as premissas.

Essa abordagem é como um rio que flui, sempre em movimento e sempre se moldando às novas paisagens. É dinâmica e iterativa, incentivando o aprendizado contínuo e estimulando nossa capacidade de adaptação à medida que novos *insights* surgem.

Aqui, a gestão de riscos é como evitar armadilhas ao longo da jornada. Testamos continuamente nossas suposições, evitando cair em armadilhas perigosas. Se encontramos obstáculos significativos no início, teremos a oportunidade de traçar novas rotas antes que se tornem obstáculos intransponíveis.

Uma abordagem adicional para superar obstáculos e evitar riscos é adotar uma perspectiva externa. Uma transição de vida, por mais única e especial que pareça, não é uma transição isolada. Ela é uma estrela que faz parte de uma vasta constelação de transições semelhantes, todas orbitando em torno dos mesmos desafios e oportunidades. Portanto, adotar uma visão mais ampla, uma perspectiva que nos permite aproveitar o poder das lições do passado e de outras pessoas é essencial para uma transição bem-sucedida.

Imagine-se em uma biblioteca gigante, onde os livros são projetos passados. Cada um deles conta uma história, uma jornada de aprendizado, e todos estão disponíveis para consulta. Abraçar essa realidade é como abrir as portas dessa biblioteca e permitir que a sabedoria coletiva guie sua jornada.

Abrace a prática do *benchmarking*, que é como folhear esses livros para aprender com as experiências de inúmeros outros. Aprenda com as pessoas que passaram por experiências similares, explore a literatura e o conteúdo sobre os diversos temas que fazem parte de seu plano de transição. É importante desenvolver suas referências, pois elas são como cartas de navegação confiáveis em um mar desconhecido. Ao fazer isso, você perceberá que sua transição não é uma estrela solitária; ela é apenas uma de uma constelação maior.

Lembre-se de que a história está cheia de heróis e heroínas que aprenderam com os feitos e fracassos daqueles que vieram antes deles. Ao adotar uma visão externa, temos a oportunidade de aprender com a sabedoria de muitos que passaram por transições semelhantes.

Um planejamento benfeito demanda tempo, e a lentidão é apenas uma consequência natural de realizar um planejamento de qualidade. A verdadeira essência de um planejamento eficaz reside na extensão e profundidade das perguntas que formulamos, na criatividade e na dedicação com que buscamos respostas sólidas e no uso das experiências e referências que já existem.

A visita no projeto Tapologo e a oportunidade única de conhecer o bispo Kevin e a irmã Georgina abriram um novo universo para mim. Pude aprender na prática como transformar um propósito fundamentado em uma causa elevada (a dignidade humana) em um conjunto de ações efetivas e resultados tangíveis. Fiquei particularmente tocado por como, diante de uma realidade devastadora, todos os envolvidos no projeto e as pessoas portadoras do vírus mantinham uma aura de paz e esperança.

PRÁTICA: REFLEXÃO PROFUNDA

A prática da reflexão profunda é um convite para explorarmos as paisagens internas da nossa mente, um exercício de autoconhecimento que nos permite entender nossos pensamentos, sentimentos e motivações de maneira mais profunda. Em um mundo acelerado e repleto de distrações, dedicar tempo à reflexão se torna um ato revigorante de autocuidado e crescimento pessoal.

Para colocar essa prática em ação, encontre um espaço tranquilo onde possa se conectar consigo mesmo, afaste as preocupações do dia a dia e permita-se mergulhar nas perguntas que importam. As perguntas poderosas que você irá explorar atuarão como faróis, iluminando áreas da sua vida que talvez tenham ficado na penumbra. Ao responder com honestidade e sem julgamentos, você abrirá portas para novas perspectivas e oportunidades de evolução. A reflexão profunda é um presente que oferecemos a nós mesmos, um caminho para nutrir nossa sabedoria interna e moldar conscientemente nosso futuro.

A seguir, apresentamos um guia para essas reflexões:

- A pergunta provocativa que este livro sugere como fundamental para navegar transições é: "O que a vida espera de mim?" ao invés de "O que posso esperar da vida?". Essa mudança de paradigma nos faz protagonistas de nossa história e nos proporciona focar nas tarefas realmente importantes de nossas vidas.

- O legado que quer deixar: como você gostaria que as pessoas se lembrassem de você no seu memorial, em contraste com o que está no seu currículo profissional?

- Entendendo seu apetite para riscos: o que você está disposto a abrir mão e o que é inegociável? Diante das possibilidades, o que é o pior que pode acontecer?

- Mapeando suas habilidades e paixões: quais as atividades que me levam ao estado de fluxo autotélico? Quais minhas habilidades que fazem a diferença e criam impacto tangível? Em qual campo de especialização sou considerado um profissional de excelência?

- Pensando a longo prazo: quais são os eventos e decisões críticas, aqueles que não abrem a possibilidade de reversão, que terão impacto na sua vida daqui a 10 ou 20 anos?

- Transformando experiência em serviço aos outros: como você pode usar sua sabedoria, experiência e habilidades para contribuir positivamente na vida dos outros?
- Desenvolvendo novas habilidades: quais são as áreas em que você deseja desenvolver novas habilidades, conhecimentos e forças para que você possa transformar seu propósito em ações e impacto?

Uma vez feita a prática da reflexão profunda, o *ikigai* é um conceito prático que nos ajuda a visualizar e desenvolver nosso propósito. O *ikigai* é um conceito japonês que significa "razão de ser". Geralmente, é representado pela interseção de quatro elementos principais:

1. *O que você ama (sua paixão)*: isso envolve compreender o que você genuinamente gosta de fazer, algo que o faz se sentir realizado e contente.
2. *O que o mundo precisa (sua missão)*: isso representa um sentido de propósito e envolve pensar em como você pode contribuir para o mundo ou torná-lo um lugar melhor.
3. *No que você é bom (sua vocação)*: isso se refere às suas habilidades e talentos, reconhecendo as coisas em que você se destaca ou tem potencial para desenvolver *expertise*.
4. *Pelo que você pode ser remunerado (sua profissão)*: isso se refere ao seu sustento, considerando como você pode ganhar a vida fazendo o que é bom e pelo que é apaixonado.

O conceito de *ikigai* enfatiza a busca pelo equilíbrio entre esses elementos, levando a uma vida plena e significativa. Trata-se de procurar o ponto ideal onde suas paixões e talentos se cruzam com o que o mundo precisa e está disposto a pagar. Acredita-se que esse equilíbrio traga satisfação, felicidade e um senso de propósito.

Viver uma vida orientada pela filosofia do *ikigai* envolve um processo de autoconhecimento e alinhamento de sua vida com o que é mais autêntico e significativo para você.

Figura 1
Diagrama *ikigai*

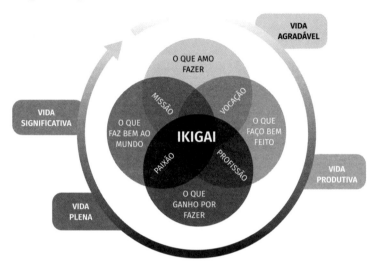

Fonte: Ikigai Brasil. Disponível em: https://ikigaibrasil.com/filosofia-ikigai/.

O próximo passo é colocar seu *ikigai* em ação por meio do DDP. Adaptar o DDP para planejar transições de vida envolve um processo reflexivo e iterativo. Aqui está um passo a passo para aplicar essa metodologia a mudanças pessoais ou profissionais:

1. *Defina o estado desejado*: comece com uma visão clara do que você deseja alcançar com a transição. O que significa sucesso para você nesse novo capítulo da sua vida?
2. *Identifique os marcos*: determine quais são os grandes marcos que indicarão progresso em direção ao seu estado desejado. Isso pode incluir, por exemplo, adquirir novas habilidades, alcançar certo nível de estabilidade financeira ou estabelecer relacionamentos-chave.
3. *Liste os pressupostos*: identifique os pressupostos que estão por trás de cada marco. Por exemplo: você pode supor que mudar de carreira resultará em maior satisfação no tra-

MAPA DO PROPÓSITO

balho ou que morar em uma nova cidade trará mais oportunidades sociais.

4. *Crie experimentos para testar pressupostos*: desenvolva pequenos experimentos ou ações para testar esses pressupostos. Isso pode ser algo como um projeto *freelance* na nova área de interesse ou participar de eventos sociais na nova cidade.

5. *Avalie e ajuste*: após cada experimento, avalie o que você aprendeu. Os pressupostos estavam corretos? O que isso significa para o seu plano? Faça ajustes conforme necessário, abandonando os caminhos que não funcionam e explorando mais aqueles que mostram promessa.

6. *Defina métricas de progresso*: estabeleça métricas claras para medir o progresso em direção a cada marco. Isso pode incluir o número de novos contatos feitos, a quantidade de poupança alcançada ou o nível de proficiência em uma nova habilidade.

7. *Alocação de recursos*: determine o que você precisa para realizar cada experimento ou alcançar cada marco, seja tempo, dinheiro ou outros recursos. Aloque esses recursos de forma incremental e com base no aprendizado contínuo.

8. *Cultive a flexibilidade*: esteja aberto a mudanças de direção, baseadas no que você descobre e aprende. Transições de vida muitas vezes não são lineares e requerem adaptação e flexibilidade ao longo do caminho.

9. *Celebre o aprendizado*: tanto os sucessos quanto os fracassos fornecem informações valiosas. Celebre o aprendizado e o crescimento que vêm com cada passo do processo. Conecte-se com sua rede de relacionamentos para dividir não somente conquistas mas também desafios. A sua rede de relacionamentos é chave no processo de aprendizado e de receber *feedback*.

CAPÍTULO 4

Leme da autenticidade

Autenticidade é a prática diária de abandonar quem pensamos
que deveríamos ser e abraçar quem somos.

BRENÉ BROWN[10]

Embarcando em uma verdadeira expedição pelo mundo, meu
caminho foi iluminado pela coragem inabalável de conquistar
desafios que outrora pareciam insuperáveis. Impulsionado por um
projeto comum de nossa família, de minha esposa e três filhos na
busca de crescimento pessoal e do fortalecimento de nossos laços
afetivos, vivemos em seis países, abrangendo quatro continentes.
Essa expedição levou 18 anos e tornou-se uma rara oportunidade para evolução pessoal, aprofundamento do conhecimento e
um aguçar profundo de nossa capacidade de prosperar em meio a
ambientes desconhecidos, enquanto valorizávamos os outros, suas
culturas e a beleza da diversidade, além de cultivarmos a virtude da
humildade como eixo central de nossa identidade.

A escolha crucial de abraçar a aventura dessa expedição não
apenas solidificou nosso vínculo como família, mas também cris-
talizou nosso compromisso com um propósito singular: a cren-

---

[10] Brené Brown é uma pesquisadora e professora na Universidade de Houston,
onde ocupa a cátedra Huffington Foundation-Brené Brown na Graduate Colle-
ge of Social Work. Ela ganhou reconhecimento internacional com sua pesquisa
sobre coragem, vulnerabilidade, vergonha e empatia e é autora de vários *best-
-sellers*, como *A Coragem de Ser Imperfeito* e *Mais Forte do Que Nunca*. Brown
é também conhecida por suas palestras inspiradoras, incluindo uma das mais
assistidas TED Talks sobre o poder da vulnerabilidade.

ça de que unidos em nossas aspirações, fortalecidos pelo apoio mútuo, poderíamos transcender qualquer obstáculo. Foi em um desses momentos transformadores, uma transição após uma promoção grandiosa, que fiz uma ligação jubilosa para meu pai. Em meio às suas palavras congratulatórias, ele gentilmente me lembrou que o alicerce do meu avanço na carreira residia não apenas em minhas realizações excepcionais, mas sim na preservação firme dos meus valores, da minha verdadeira identidade e no amor inabalável da minha família. Essa troca gravou uma marca indelével em minha alma, uma luz guia que agora forma o cerne do meu ser, impulsionando-me para a frente. São estes valores que procuro cultivar com meus filhos, em cada momento que estamos juntos em todas as oportunidades de celebrar grandes conquistas ou de ressignificar nossas derrotas em lições de vida.

Celebrar nossas raízes serve como uma personificação do impacto profundo que nossos valores podem ter quando colocados no centro de nossa jornada. Ela sublinha a essência de permanecer enraizado em nossas origens, permitindo-nos navegar até mesmo nos momentos mais triunfantes com graça e humildade. À medida que estamos no limiar de nossas conquistas, lembremos sempre de onde começamos, pois é nessa consciência que descobrimos a verdadeira bússola de nosso sucesso e a constância de nosso propósito.

Em um mundo cada vez mais complexo e cheio de distrações, muitas vezes nos perdemos no turbilhão da vida cotidiana e nos afastamos do nosso verdadeiro eu. No entanto, a busca pelo autoconhecimento e pela autenticidade é uma jornada essencial e profundamente gratificante.

Cultivar seu *Eu verdadeiro* não se limita apenas aos contextos profissionais e sociais; ele se estende à maneira como vivemos e nos conectamos com o mundo ao nosso redor e às questões existenciais do mundo e da sociedade.

Desde criança, eu fui incentivado a experimentar novos papéis, ampliar meus horizontes e me desafiar a sair da zona de conforto. Aprendi que, para cultivar o *Eu verdadeiro*, eu precisaria estar disposto a me reinventar, a aprender com as experiências e a abraçar a mudança. A transformação pessoal requer a coragem de se afastar do que é familiar e abraçar o desconhecido, permitindo que seu *Eu verdadeiro* floresça em sua totalidade.

Enquanto buscava continuamente a jornada de cultivar o meu *Eu verdadeiro*, pude entender a diferença entre autenticidade e o "eu camaleão". Muitas vezes, esses conceitos podem ser confundidos, mas reconhecê-los claramente nos ajudará a desenvolver nossa autenticidade sem perder nossa identidade única.

A autenticidade é a expressão genuína de quem somos, sem pretensões ou máscaras. É a coragem de compartilhar nossas *opiniões*, valores e emoções verdadeiras com o mundo. Ser autêntico significa ser honesto consigo mesmo e com os outros, permitindo que nossa essência brilhe sem medo de julgamentos.

Entretanto, a autenticidade não deve ser confundida com a falta de adaptação ou empatia. Ser autêntico não significa ser inflexível ou insensível às necessidades e perspectivas dos outros. Em vez disso, envolve uma profunda compreensão de quem somos e como podemos nos conectar de maneira genuína, mantendo a integridade do nosso *Eu verdadeiro*. Muitas vezes, a autenticidade é usada como escudo para atacar os outros e até mesmo manipular situações. Ser autêntico não nos dá o direto de ultrapassar limites e desrespeitar o próximo.

Por outro lado, o conceito do "eu camaleão" refere-se à capacidade de se adaptar a diferentes contextos e situações. Em algumas circunstâncias, pode ser necessário ajustar nossa abordagem ou comportamento para se alinhar melhor com as expectativas do ambiente. No entanto, é importante fazer isso sem sacrificar nossa identidade central.

O desafio reside em encontrar um equilíbrio saudável entre se adaptar e permanecer fiel a quem somos. Desenvolver um "eu camaleão" bem ajustado envolve a habilidade de selecionar as partes de nós mesmos que se encaixam organicamente em diferentes situações, mantendo sempre nossa essência intacta.

Como podemos cultivar um "eu camaleão" autêntico?

- *Conheça sua identidade central*: antes de se adaptar a qualquer situação, compreenda claramente seus valores, paixões e princípios fundamentais. Isso servirá como âncora enquanto você navega por diferentes contextos.
- *Defina seus limites*: determine quais aspectos de sua identidade são flexíveis e quais são inegociáveis. Isso ajudará você a evitar a perda de sua autenticidade enquanto se adapta.
- *Escolha suas adaptações*: selecione conscientemente quais características de seu "eu camaleão" você deseja ativar em diferentes situações. Certifique-se de que essas adaptações estejam alinhadas com seus valores essenciais.
- *Mantenha a coerência interna*: verifique regularmente se suas adaptações estão em harmonia com sua identidade central. Evite fazer ajustes que contradigam seus princípios fundamentais. A coerência, mesmo quando mudamos de opinião ou de direção, é valorizada por aqueles que lideramos ou que convivem conosco. A coerência é a força central por trás de lideranças efetivas e de alto impacto.
- *Reflita e aprenda*: após interações ou situações adaptativas, reserve um tempo para refletir sobre como você se sentiu. Identifique e entenda os gatilhos emocionais e como respondemos a eles. Aprenda com essas experiências para aprimorar suas habilidades de adaptação, como modelar suas respostas e calibrar seus esforços.
- *Reafirme sua autenticidade*: rituais em torno de valores são chaves para reafirmar sua autenticidade. Desenvolva esses rituais e lembre-se de que ser autêntico não significa ser imutável. Continue a explorar e descobrir novos aspectos de si mesmo, mantendo uma conexão profunda com sua verdadeira essência.

Em última análise, o objetivo não é abandonar sua identidade em favor de uma adaptação excessiva, nem se fechar rigidamente em sua autenticidade sem espaço para crescimento. A verdadeira maestria reside em encontrar um meio-termo sábio, onde você possa se adaptar de maneira consciente e genuína, ao mesmo tempo que mantém a centelha única do seu *Eu verdadeiro* acesa.

Os valores que cultivamos são como constelações que guiam nossos passos através das jornadas da vida. Eles representam os princípios que moldam nosso caráter e orientam nosso caminho. Ao mergulhar profundamente na exploração de seus valores fundamentais, você está semeando as sementes para um guia interno que o acompanhará nas trilhas desafiadoras da existência. Questione a si mesmo com sinceridade: quais são os alicerces dos quais não abro mão? Como posso infundir esses valores no tecido do meu dia a dia? Ao abraçar seus valores intrínsecos, você não apenas constrói um solo firme para florescer, mas também estabelece um roteiro para manifestar todo o seu potencial.

Vislumbrar um horizonte radiante e compreender o eco das suas escolhas são passos cruciais para avançar com autenticidade. Abrace a responsabilidade de avaliar as ramificações éticas de cada decisão e trilhe o caminho da congruência entre ação e princípios. À medida que se empenha em honrar seus valores, você se torna um arquiteto da sua própria narrativa, construindo um enredo coeso em que cada capítulo é um testemunho do alinhamento entre seus valores e ações.

Todas as escolhas que fiz baseadas em meus valores se provaram ao longo do tempo como escolhas com que eu me identifico e me deram paz de espírito. Muitas vezes essas escolhas não eram as mais óbvias e principalmente os atalhos mais curtos. Quando segui meus valores, pude evitar atalhos falsos e me perder em caminhos que pareciam encantadores em um primeiro momento.

No caminho da autodescoberta e desenvolvimento pessoal, cultivei uma virtude fundamental que me ajuda em momentos desafiadores: a humildade intelectual. A prática da humildade intelectual não apenas nos mantém conectados com nossa humanidade, mas também nos permite evoluir de maneira constante e significativa.

A humildade não é um sinal de fraqueza, mas sim um testemunho de força interior e autoconsciência. Ela começa com a humilde de reconhecer que, independentemente de quão habilidosos ou experientes sejamos, sempre há mais a aprender. Isso não diminui nossas conquistas, mas nos incentiva a buscar constantemente novos horizontes.

Quando nosso leme é direcionado com a mão firme da humildade intelectual, reconhecendo as limitações do nosso conhecimento e abrindo nossos corações e mentes para aprender com os outros, estamos colocando em prática a mentalidade de crescimento que foi popularizado por Carol Dweck.[11]

A humildade intelectual é uma virtude que reflete uma atitude de mente aberta, disposição para aprender e reconhecer a limitação do próprio conhecimento. Vai além de uma simples aceitação de que não sabemos tudo, abrangendo uma profunda consciência das nossas próprias falhas, uma disposição para admitir erros e uma prontidão para considerar perspectivas e ideias diversas, mesmo quando divergem das nossas.

A humildade intelectual envolve uma compreensão de que o conhecimento é vasto e sempre em evolução. Não se trata apenas de reconhecer que podemos estar errados, mas também de estar dispostos a ajustar nossas crenças com base em novas evidências e *insights*. Isso implica não se apegar rigidamente a pontos de vista preconcebidos, mas em estar aberto a questionar e reformular nossas concepções à medida que aprendemos e crescemos.

Além disso, a humildade intelectual envolve a capacidade de ouvir ativamente e com empatia, valorizando as perspectivas dos outros e reconhecendo que cada pessoa possui conhecimentos e experiências únicas. Ela promove a busca colaborativa da verdade, em vez de uma busca pela validação pessoal. Isso significa acolher o diálogo e o debate saudável, em que as ideias são discu-

---

[11] Carol Dweck é uma renomada psicóloga americana, mais conhecida por seu trabalho pioneiro na área de psicologia do desenvolvimento, particularmente na teoria da mentalidade de crescimento. Ela é professora de psicologia na Universidade de Stanford. Dweck é autora do influente livro *Mindset: the new psychology of success*, que explora como a mentalidade de uma pessoa pode ser um fator determinante em suas realizações e felicidade.

LEME DA AUTENTICIDADE

tidas e avaliadas com respeito mútuo, em vez de serem defendidas de maneira inflexível.

Essa virtude não implica falta de confiança em si mesmo, mas sim uma confiança equilibrada que reconhece a natureza incompleta do conhecimento humano. A humildade intelectual nos encoraja a abraçar a humildade não como um sinal de fraqueza, mas como uma força que nos permite crescer e evoluir de maneira mais plena e autêntica.

Em última análise, a humildade intelectual é um convite para uma jornada contínua de autoaprimoramento e aprendizado, uma busca pela sabedoria que vai além das fronteiras do ego e da autoimportância. Ela nos permite explorar o vasto oceano do conhecimento com uma mentalidade aberta e curiosa, enriquecendo nossa compreensão do mundo e fortalecendo nossas conexões com os outros.

Na jornada contínua em busca do crescimento intelectual, é de suma importância desenvolver a capacidade de abraçar a dissonância e abraçar a ambiguidade. Com frequência, nos deparamos com informações contraditórias que desafiam as bases de nossas crenças enraizadas. Em vez de rejeitar ou temer esses encontros desconfortáveis, podemos percebê-los como oportunidades enriquecedoras para ampliar nossa compreensão do mundo.

A chave para esta exploração é cultivar a flexibilidade cognitiva, um atributo que nos permite adaptar nossas crenças e perspectivas à luz de novos conhecimentos. Assim como uma árvore maleável que se inclina diante da força do vento e não se quebra, nossas mentes também devem ser capazes de flexionar e evoluir. Ao deparar-se com opiniões discordantes e informações conflitantes, convidamo-nos a encarar essa aparente tensão não como um conflito a ser evitado, mas como um chamado para uma exploração mais profunda e para a revisitação de nossas crenças com uma mente verdadeiramente aberta.

Participar de debates adaptativos é uma via poderosa para enriquecer a qualidade do pensamento. Imagine-se imerso em um ambiente de debate onde as ideias são expressas com respeito mútuo,

61

e o foco principal reside na busca pela compreensão compartilhada, em vez da vitória em uma discussão. Por meio de um diálogo construtivo, temos a oportunidade de expandir nossos horizontes, mergulhando em uma variedade de pontos de vista e explorando nuances antes não percebidas de um determinado tópico.

É fundamental internalizar que o propósito do debate adaptativo não é prevalecer, mas aprender e crescer. Ao adotar uma postura de humildade intelectual, conseguimos ouvir atentamente e nos permitimos questionar nossas próprias premissas, enquanto absorvemos o rico conteúdo oferecido por outras perspectivas. Este tipo de diálogo genuíno, que se baseia na busca pela verdade e não na afirmação do ego, torna-se um propulsor do nosso desenvolvimento intelectual. Mediante esse intercâmbio interativo, somos instigados a desafiar nossas ideias preconcebidas, a ampliar nossos horizontes de pensamento e a avançar com zelo em direção ao constante aprimoramento do nosso entendimento.

No cerne da humildade reside a curiosidade — a chama interior que nos impulsiona a explorar, descobrir e crescer. Quando cultivamos a curiosidade, nos tornamos eternos aprendizes, ávidos por mergulhar nas águas do conhecimento. Cultivar a humildade significa aprender a fazer perguntas relevantes e inspiradoras ao invés de focar somente em ter respostas certas.

A curiosidade nos leva a fazer perguntas, estimular respostas e a considerar diferentes perspectivas que inspiram novas ideias ou *insights*. Ela nos ajuda a romper barreiras mentais e absorver as lições que o mundo tem a oferecer.

Uma parte crucial do processo de cultivar a humildade é receber *feedback*. Isso pode vir de pessoas próximas que se preocupam com nosso crescimento ou de especialistas em áreas nas quais estamos investindo nosso tempo e energia. O *feedback*, seja positivo ou construtivo, é um presente que nos oferece uma visão externa de nós mesmos. *Feedback* bom não é aquele que julga o seu passado, mas aquele que faz de você melhor no futuro. Aprendi a filtrar *feedbacks* bons e descartar *feedback* que nada agrega para meu crescimento pessoal. Gosto muito de *feedback*

LEME DA AUTENTICIDADE

que é elaborado usando verbos e não adjetivos, que avalia seu trabalho e esforço e não julga suas intenções.

Ao abraçar o *feedback* bom, expandimos nossa compreensão sobre padrões de comportamento que talvez não tínhamos percebido ou áreas em que podemos melhorar. Aqueles que estão dispostos a ouvir, filtrar, descartar e considerar o *feedback* bom estão no caminho certo para o crescimento pessoal e para aprimorar a própria jornada de autodescoberta.

A busca pela humildade intelectual e pelo crescimento pessoal sempre esteve junto comigo na minha jornada. À medida que desenvolvi a humildade intelectual, não apenas passei a reconhecer minhas limitações, mas também a fortalecer minha capacidade ilimitada pela busca do meu *Eu verdadeiro*.

Theodore Roosevelt[12] escreveu um texto inspirador que nos ajuda a refletir sobre o que nos convida a praticar o nosso *Eu verdadeiro*:

> Não é o crítico que conta; não é o homem que aponta como o homem forte tropeça, ou onde o executor das ações poderia tê-las feito melhor. O crédito pertence ao homem que está realmente na arena, cujo rosto está marcado pelo pó, suor e sangue; que se esforça valorosamente; que erra, que falha repetidamente, porque não há esforço sem erro e falha; mas que realmente se esforça para realizar as ações; que conhece grandes entusiasmos, as grandes devoções; que se dedica a uma causa digna; que, no melhor dos casos, conhece no final o triunfo da grande realização, e que, no pior dos casos, se falhar, pelo menos falha enquanto ousa grandemente, de modo que o seu lugar nunca seja com aquelas almas frias e tímidas que não conhecem nem a vitória nem a derrota.[13]

---

[12] Theodore Roosevelt, o 26º presidente dos Estados Unidos, governou de 1901 a 1909. Ficou conhecido por seu estilo de vida enérgico, políticas voltadas para a reforma e o programa doméstico Square Deal. Roosevelt também foi uma força motriz para a conclusão do Canal do Panamá e ganhou o Prêmio Nobel da Paz em 1906 por seu papel na negociação do fim da Guerra Russo-Japonesa.

[13] *Citizenship in a Republic* é o título de um discurso proferido pelo ex-presidente dos Estados Unidos da América, Theodore Roosevelt, na Sorbonne em

PRÁTICA: CULTIVANDO A HUMILDADE INTELECTUAL

A humildade intelectual é uma virtude essencial para desenvolver autoconhecimento e seu *Eu verdadeiro*. As habilidades que ajudam a cultivar a humildade são em áreas como:

• *Escuta ativa*:
A prática da escuta ativa é uma habilidade de comunicação fundamental que envolve a concentração total, compreensão, resposta e memorização do que está sendo dito. Na escuta ativa, é essencial dar total atenção ao interlocutor, o que significa não apenas ouvir as palavras, mas também observar os sinais não verbais, como o tom de voz e a linguagem corporal. É importante evitar interrupções, permitindo que o orador termine seus pensamentos sem interrupção, demonstrando respeito por seu ponto de vista e incentivando uma comunicação aberta.

Mostrar interesse é fundamental, seja por meio de acenos, mantendo contato visual ou inclinando-se ligeiramente para a frente, indicando que você está engajado e interessado na conversa. Refletir sobre o que foi dito, parafraseando ou resumindo o que o interlocutor disse, ajuda a garantir que você entendeu corretamente e também permite que o orador ouça suas próprias ideias refletidas, o que pode ser esclarecedor.

Paris, França, em 23 de abril de 1910. É por vezes referido pelo título *The man in the Arena*. No original: *"It is not the critic who counts; not the man who points out how the strong man stumbles, or where the doer of deeds could have done them better. The credit belongs to the man who is actually in the arena, whose face is marred by dust and sweat and blood; who strives valiantly; who errs, who comes short again and again, because there is no effort without error and shortcoming; but who does actually strive to do the deeds; who knows great enthusiasms, the great devotions; who spends himself in a worthy cause; who at the best knows in the end the triumph of high achievement, and who at the worst, if he fails, at least fails while daring greatly, so that his place shall never be with those cold and timid souls who neither know victory nor defeat."* Disponível em: https://pt.wikipedia. org/wiki/Citizenship_in_a_Republic.

Fazer perguntas, quando apropriado, para esclarecer seu entendimento e aprofundar-se no tópico, mostra que você está engajado e interessado em compreender plenamente. Manter a mente aberta e evitar julgamentos é crucial, mesmo que você discorde, é importante entender a perspectiva do outro.

Responder adequadamente, oferecendo respostas apropriadas que indiquem que você entendeu a mensagem, seja por meio de conselhos, empatia ou *insights*, dependendo da situação. Lembrar pontos-chave, recordando detalhes e temas importantes da conversa, demonstra que você valoriza a discussão e prestou atenção.

Reconhecer as emoções do interlocutor também é parte da escuta ativa, estar ciente das emoções do falante e responder a elas, o que pode envolver empatia e reconhecimento dessas emoções. Por fim, manter um ambiente positivo, incentivando uma comunicação aberta e honesta, ajuda o interlocutor a se sentir seguro para se expressar.

A prática da escuta ativa pode melhorar significativamente a comunicação em relacionamentos pessoais e profissionais, promovendo uma compreensão mais profunda e conexões mais fortes.

• *Fazer ótimas perguntas*:
Criar ótimas perguntas é uma arte que envolve uma abordagem cuidadosa para garantir clareza, relevância e engajamento. Comece sendo específico e claro no que está perguntando. Uma pergunta bem definida evita ambiguidades e foca diretamente na informação que você busca. Também é importante manter sua pergunta concisa. Perguntas longas e complexas podem levar à confusão, então vise a brevidade enquanto ainda fornece detalhes suficientes.

Em vez de questões fechadas de sim/não, opte por perguntas abertas. Elas incentivam respostas mais detalhadas e discussões, começando com palavras como "como", "por que", "o que" ou "descreva". Fornecer o contexto é crucial, especialmente para perguntas sobre tópicos ou cenários específicos. Um pouco de informação de fundo pode ajudar a adequar a resposta às suas necessidades ou interesses particulares.

Mantenha um tom objetivo e neutro em suas perguntas para garantir respostas imparciais e informativas.

Entender seu público é a chave. Certifique-se de que sua pergunta corresponda à *expertise* e ao nível de interesse da pessoa ou plataforma a quem você está perguntando. Isso garante que a complexidade e o conteúdo da sua pergunta sejam apropriados para as habilidades do respondente.

Evite fazer várias perguntas de uma vez. É mais eficaz fazer perguntas separadas e focadas do que uma que tenta abranger muitos aspectos. Gramática e ortografia corretas também são importantes, pois tornam sua pergunta mais compreensível e mantêm o foco no conteúdo, em vez de se decifrar a linguagem usada.

Considere a relevância e o momento da sua pergunta, especialmente se ela se relaciona a eventos recentes ou tendências. E, finalmente, ao explorar tópicos subjetivos, esteja aberto a várias perspectivas. Essa abordagem amplia seu entendimento e ajuda a evitar o viés de confirmação. Lembre-se, a qualidade de uma resposta muitas vezes se correlaciona diretamente com a qualidade da pergunta feita.

• *Aprender com seus erros*:
Aprender com os próprios erros é uma parte essencial do crescimento pessoal e profissional. O primeiro passo para efetivamente aprender com os erros é reconhecê-los. Negar ou evitar os erros impede o processo de aprendizagem, enquanto aceitá-los demonstra maturidade e prontidão para aprender.

Após o reconhecimento, é crucial analisar e entender o erro. Examine atentamente o que deu errado e por quê, observando a situação objetivamente e identificando os fatores que levaram ao erro. Nesse processo, pode ser útil buscar *feedback* de outras pessoas, pois elas podem oferecer perspectivas e *insights* que você pode ter perdido, ajudando a entender completamente o erro.

Refletir sobre as consequências do erro também é importante. Entender o impacto de suas ações em si mesmo e nos outros pode ser um poderoso motivador para mudanças. Com essa compreensão, desenvolva um plano para evitar cometer o mesmo erro no futuro, o que pode envolver aprender novas habilidades, mudar certos comportamentos ou criar um sistema de verificações e equilíbrios.

LEME DA AUTENTICIDADE

A implementação de mudanças é o próximo passo. A verdadeira aprendizagem vem de fazer alterações na maneira como você aborda situações semelhantes no futuro. Mantenha-se aberto à aprendizagem contínua, reconhecendo que cometer erros é parte do processo de aprendizagem, e esteja disposto a se adaptar à medida que ganha mais experiência.

Além disso, é importante perdoar a si mesmo pelos erros cometidos. Manter a culpa ou a vergonha pode ser contraproducente. Aprenda a lição e, em seguida, deixe-a ir. Documentar o que você aprendeu, seja mantendo um diário ou um registro, pode ser benéfico. Escrever suas reflexões ajuda a solidificar as lições e serve como referência para situações futuras.

Por fim, compartilhar o que você aprendeu com os outros pode reforçar o que você aprendeu e também ajudar outras pessoas a evitar erros semelhantes. Seguindo esses passos, você pode transformar os erros em oportunidades valiosas de aprendizado, levando ao desenvolvimento pessoal e profissional. Lembre-se: o objetivo não é ser perfeito, mas ser melhor do que você era ontem.

• *Buscar* feedback *ativamente:*
Buscar *feedback* é uma parte crucial do desenvolvimento pessoal e profissional, e saber distinguir entre um *feedback* construtivo e um que não seja tão útil é igualmente importante. Ao buscar *feedback*, é essencial abordar a situação com uma mentalidade aberta e estar preparado para ouvir críticas, além de elogios. Uma boa prática é pedir *feedback* de várias fontes, pois isso oferece uma gama mais ampla de perspectivas e reduz a possibilidade de receber opiniões enviesadas ou limitadas.

Quando receber o *feedback*, é importante não reagir de maneira defensiva. Em vez disso, ouça atentamente e tente compreender a perspectiva da outra pessoa. Perguntas de esclarecimento podem ser úteis para entender melhor os pontos levantados. Lembre-se de que o objetivo do *feedback* é ajudá-lo a crescer e melhorar; portanto, mesmo que o *feedback* pareça duro, tente encontrar a verdade e a utilidade nas palavras.

Para filtrar um bom *feedback* de um que não seja tão útil, considere a experiência e a *expertise* da pessoa que está fornecendo o *feedback*. Pessoas com mais conhecimento ou experiência em uma área específica tendem a oferecer *insights* mais valiosos. Além disso, preste atenção ao conteúdo do *feedback*: é focado, específico e baseado em observações concretas? *Feedbacks* que são vagos ou baseados em opiniões pessoais sem fundamentação específica podem ser menos úteis.

Outro aspecto importante é avaliar a intenção por trás do *feedback*. Pergunte-se se a pessoa está tentando ajudar e apoiar seu crescimento ou se há outras motivações. *Feedbacks* oferecidos com a intenção de ajudar tendem a ser mais valiosos e construtivos.

Após receber o *feedback*, reserve um tempo para refletir sobre ele. Pese os diferentes pontos de vista e decida quais são os mais relevantes e úteis para seu desenvolvimento. Lembre-se de que nem todo *feedback* será aplicável ou útil, e está tudo bem. O importante é permanecer aberto e receptivo, usando o *feedback* para fomentar o crescimento pessoal e profissional.

CAPÍTULO 5

Âncora de relacionamentos significativos

A qualidade de nossas vidas é a qualidade
de nossos relacionamentos.

ESTHER PEREL[14]

Em poucos momentos da minha vida, experimentei uma gratidão tão profunda quanto naquele que vou compartilhar com você agora. Era um momento de profunda intimidade, uma jornada pelo coração e pela alma. Eu estava ali, de mãos dadas com meu pai, em uma sala de terapia intensiva, e ele estava inconsciente há vários dias.

Naquele instante, meu coração se encheu de um amor que transcende as palavras, e, ao mesmo tempo, uma sensação de plenitude tomou conta de mim. Em meio àquela cena de despedida iminente, eu orei e agradeci, não apenas por aquele momento, mas por toda a jornada que vivemos juntos. A gratidão transbordava pelos momentos de amizade incondicional, pelos desafios que ele me lançou quando eu mais precisava e pelas orientações que ele me deu para seguir meu próprio caminho.

Horas depois daquele momento íntimo e cheio de emoção, meu pai partiu para um lugar que não conhecemos. E então começou a fase mais desafiadora de todas: o luto.

---

[14] Esther Perel é uma psicoterapeuta belga conhecida por seu trabalho sobre relacionamentos humanos, sexualidade e como manter a vitalidade em relacionamentos de longo prazo.

As grandes perdas que enfrentamos em nossas vidas criam vazios profundos em nossos corações. Enquanto tentamos nos adaptar a esses vazios, a verdadeira profundidade deles só se revela quando paramos para refletir sobre o legado que preenche esses espaços. Todos os dias, desde aquele momento, tenho buscado entender o significado desse vazio em meu coração. E, de todas as maneiras, considero-me abençoado por causa do presente que meu pai deixou para mim: a missão de ajudar os menos privilegiados, de tratar todos com respeito e dignidade, de ser um eterno aprendiz na jornada da vida e de ancorar minhas escolhas nos meus valores inegociáveis.

Embora eu saiba que estou longe da perfeição em relação a esses legados, são eles que dão significado à minha jornada e me ajudam a superar a perda de uma amizade verdadeira e um amor incondicional.

É nos momentos de luto que percebemos a importância da nossa rede de apoio. Essa teia de relações ganha uma relevância descomunal em nossas vidas. É revelador perceber como cada relacionamento é moldado pela forma como enfrentamos sucessos e adversidades. Como bem disse Confúcio:[15] "Para conhecermos os amigos é necessário passar pelo sucesso e pela desgraça. No sucesso, verificamos a quantidade e, na desgraça, a qualidade".

A construção de nossos relacionamentos baseada em expectativas e julgamentos morais pode nos trazer frustrações e criar conexões disfuncionais. Foi a partir do legado de amizade incondicional deixado por meu pai e da busca de apoio em minha rede de relacionamentos em um momento de luto que encontrei inspiração para aprofundar minha jornada na arte de cultivar relações autênticas e transformadoras.

---

[15] Confúcio, um filósofo e educador chinês, nasceu em 551 a.C. e faleceu em 479 a.C. Ele é amplamente reconhecido como um dos pensadores mais influentes na história chinesa. Sua filosofia, conhecida como confucionismo, enfatiza a moralidade pessoal e governamental, a justiça e a sinceridade.

ÂNCORA DE RELACIONAMENTOS SIGNIFICATIVOS

A busca de relacionamentos mais genuínos e significativos sempre desempenhou um papel importante em minha vida, demandando muita energia emocional e reflexões profundas. Afinal, é nas relações que construímos com os outros que encontramos um dos maiores tesouros da vida.

"Amigo verdadeiro ou amigo de conveniência?" Essa é uma pergunta que ecoa as palavras de Aristóteles (2018),[16] mais de 2 mil anos atrás, em sua *Ética a Nicômaco*. Aristóteles escreveu sobre uma espécie de escada da amizade (figura 2), que vai do mais baixo ao mais elevado. Na base, onde os laços emocionais são mais fracos e os benefícios são menores, estão as amizades baseadas em utilidade: os amigos de conveniência. Vocês são amigos de maneira instrumental, ajudando um ao outro a alcançar algo que desejam, como sucesso profissional.

Mais acima estão os amigos baseados no prazer. Vocês são amigos por algo que gostam e admiram um no outro. Eles são divertidos, engraçados, bonitos, inteligentes, por exemplo. Em outras palavras, você aprecia uma qualidade intrínseca, o que torna essa amizade mais elevada do que a amizade de utilidade, mas ainda assim é essencialmente instrumental.

No nível mais alto está a "amizade perfeita" de Aristóteles, que se baseia em desejar o bem-estar um do outro e em um amor compartilhado por algo bom e virtuoso que está fora de ambos. Isso pode ser uma amizade forjada em torno de crenças religiosas ou paixão por uma causa social. O que ela não é: utilitária. A outra pessoa compartilha da sua paixão, que é intrínseca, não instrumental. Claro, nossas amizades podem ser uma mistura desses tipos.

---

[16] Aristóteles, filósofo grego nascido em 384 a.C. em Estagira e falecido em 322 a.C., é uma das figuras mais proeminentes na história da filosofia ocidental. Aluno de Platão e tutor de Alexandre, o Grande, Aristóteles contribuiu significativamente em diversos campos, como lógica, metafísica, ética, política, biologia e estética.

Figura 2
A escalada da amizade: degraus da profundidade relacional

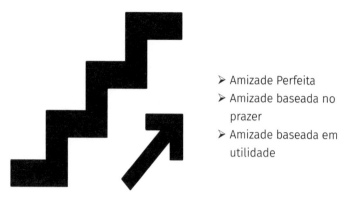

➤ Amizade Perfeita
➤ Amizade baseada no prazer
➤ Amizade baseada em utilidade

Fonte: Elaborada pelo autor.

Assim como uma escada que leva a diferentes níveis de conexão, podemos ascender na arte da amizade, cultivando laços que vão além da mera conveniência ou prazer mútuo. Encontramos a verdadeira essência da amizade quando nos unimos em busca do bem comum, do virtuoso e do nobre. Cada degrau nos leva a uma compreensão mais profunda do que significa ser um amigo genuíno, alguém que não apenas caminha ao nosso lado por interesse, mas que compartilha de nossa jornada por um propósito mais elevado e altruísta.

O Estudo de Adultos da Universidade Harvard é um dos estudos mais longos e extensos sobre felicidade e bem-estar. Frequentemente é chamado de Estudo Grant e Estudo Glueck. O estudo começou em 1938 e acompanhou um grupo de homens ao longo de várias décadas, examinando vários aspectos de suas vidas, incluindo saúde física e mental, relacionamentos e bem-estar geral.

Entre os principais *insights* do Estudo de Adultos da Universidade Harvard estão dois relativos a relacionamentos:
1. *Relações de qualidade*: o estudo descobriu consistentemente que a qualidade das relações, especialmente relações próximas e satisfatórias, é um forte preditor de bem-

-estar e felicidade. Boas relações parecem ter um efeito protetor na saúde física e mental. Pense em suas relações como valiosos tesouros ao longo do caminho. Amizades sinceras, laços familiares e conexões verdadeiras com outras pessoas são como raios de sol em um dia nublado. Quando você cultiva e nutre esses tesouros, está criando um escudo protetor de felicidade ao seu redor. Imagine ter amigos com quem pode rir, chorar e compartilhar seus sonhos, e uma família que está sempre lá para apoiá--lo. Esses são os pilares que sustentam seu bem-estar, tornando os obstáculos da vida mais fáceis de superar e as alegrias ainda mais radiantes.

2. *Conexões sociais*: as conexões sociais e redes de apoio social forte contribuem significativamente para a felicidade a longo prazo e a satisfação geral com a vida. Ter pessoas para contar em momentos de necessidade é crucial para o bem-estar. Pense nessas conexões como pontes encantadas que você constrói para se conectar com o mundo ao seu redor. Quando você estende a mão para outras pessoas, está tecendo uma teia de apoio que o envolve com carinho e compreensão. Imagine-se compartilhando histórias, aprendendo com as experiências dos outros e oferecendo uma mão amiga quando alguém precisar. Essas pontes não apenas o conectam, mas também o enriquecem, enchendo sua jornada com uma variedade de cores e experiências. E quando você constrói essas pontes, você não apenas cruza para o outro lado, mas também convida outros viajantes a compartilhar momentos memoráveis ao longo do caminho.

Nossa jornada pela vida é entrelaçada com uma teia de relacionamentos preciosos. Amizades e conexões, como estrelas em nosso céu pessoal, guiam e iluminam nosso caminho através dos ciclos de transformação e transição. Quando nos encontramos diante dessas encruzilhadas, a reflexão sobre nossas amizades e conexões se torna vital para fortalecer uma rede de relacionamentos com qualidade e propósitos claros.

Cultivar relações autênticas e transformadoras é uma arte. Para isso, é importante que adotemos uma postura prática e consequente em relação a nossa Rede de Relacionamentos.

Sempre tive muita dificuldade em diferenciar minhas redes de apoio e, na verdade, aceitar as amizades por conveniência. Aprendi com o tempo que nosso mosaico de relacionamentos é que faz a riqueza de nossa rede. Superei minhas reservas com amigos de conveniência e passei a explorar esses relacionamentos pelo que eles propõem. Ao mesmo tempo, coloco muito mais energia emocional e tempo para minha rede de apoio e desafiadora.

Ao longo do tempo, aprendi a ancorar minha rede de relacionamentos de forma segmentada. Procuro ancorar minha rede de maneira a buscar o melhor de cada tipo de relacionamento, evitando misturar os diferentes tipos e fortalecendo meus laços contribuindo com aquilo que realmente faz parte da natureza de cada tipo de rede.

Imagine sua rede de relacionamentos como diferentes tipos de âncoras que possuem diferentes amarras, ganchos e pesos. Cada âncora serve a um fim específico e estabiliza um navio para diferentes mares e situações. Cada âncora desempenha um papel único, assim como cada rede desempenha um papel único em sua vida.

Uma abordagem fundamental é a segmentação consciente da sua rede, permitindo que cada perfil de relação desempenhe um papel específico e valioso:

1. *Rede de apoio*: dentro dessa rede, encontramos pessoas genuinamente interessadas em nosso bem-estar e felicidade. São amigos e entes queridos que conhecem nossa história de vida e possuem a sensibilidade de interpretar nossos momentos sem julgamento. Eles são nossos confidentes, nossos conselheiros e nossos pilares em tempos de necessidade.

ÂNCORA DE RELACIONAMENTOS SIGNIFICATIVOS

2. *Rede de desafiadores*: essa rede reside fora de nossa zona de conforto, composta por indivíduos de diferentes gerações, áreas ou comunidades. São mentores, colegas e amigos que trazem conhecimentos que desconhecemos, ampliando nossos horizontes e desafiando nossas premissas. Essas conexões nos encorajam a questionar, crescer e evoluir.

3. *Rede de contribuidores*: em um âmbito mais transacional, temos essa rede que muitas vezes encontramos em nosso círculo profissional. As relações aqui são orientadas para a troca de negócios e avanço de carreira. Embora possam trazer benefícios profissionais, o comprometimento emocional e pessoal pode ser menor. Essas conexões têm seu papel específico na jornada, auxiliando no desenvolvimento de nossa carreira, mas com um foco mais limitado em nosso bem-estar pessoal.

Quando nos deparamos com diferentes situações e desafios, a reflexão sobre nossas amizades e conexões se torna vital. É por meio desses relacionamentos que encontramos orientação, apoio e equilíbrio, principalmente em momentos de transformação e transição. Descobrimos que nossas relações são como âncoras que nos protegem nos momentos difíceis e nos liberam nos momentos de alegria.

Convido vocês a nutrir relacionamentos autênticos e significativos, enriquecendo assim suas jornadas com sabedoria, aprendizado e alegria. Pois, no fim das contas, são as relações que dão sentido e cor à nossa vida, elevando-nos para alturas inimagináveis em nossa busca por uma existência plena e significativa.

PRÁTICA: ÂNCORAS DE RELACIONAMENTOS

Para dar vida à sua rede de apoio e criar um portfólio de redes de relacionamentos autênticos e significativos, é importante seguir algumas práticas orientadoras:

1. *Crie uma lista segmentada*: desenhe uma lista inicial com nomes em cada tipo de rede de relacionamento: rede de apoio, rede de desafiadores e rede de contribuidores. Reflita sobre cada relação e como ela funciona na prática, e como você extrai o melhor da relação e contribui com o seu melhor. Essa reflexão ajudará você a identificar padrões e fortalecer seus laços de forma consciente e autêntica de acordo com o tipo de rede.

2. *Equilíbrio deliberado*: busque equilibrar a presença de pessoas que trarão novas perspectivas com aquelas que passaram por processos similares. Essa interseção entre experiência e novidade é vital para um crescimento completo e uma compreensão mais profunda de sua jornada.

3. *Ampliando fronteiras*: identifique tipos de apoio, especialidades e perfis que faltam em suas redes e explore a possibilidade de se conectar com pessoas e profissionais para fortalecer suas redes. A orientação e mentoria de pessoas experientes em seu novo caminho podem iluminar o trajeto e oferecer *insights* valiosos.

4. *Cultivando relações de mútuo apoio*: dedique tempo e energia para nutrir suas conexões de apoio. Compartilhe suas conquistas, aprendizados e desafios, abra seu coração e ouça atentamente. Idealmente, ter experiências juntos ou ter trocas relevantes é a base para cultivar essas relações de mútuo apoio. Relações baseadas em mútuo apoio são os pilares que o sustentarão nas tempestades e celebrarão com você nos momentos de triunfo. A prática de *network* deve ser direcionada ao cultivo e não somente a criar "conhecidos".

5. *Abraçando os desafiadores*: receba os desafiadores de braços abertos. Explore suas perspectivas únicas, absorva seus conhecimentos e permita-se ser provocado a pensar além dos limites

que você conhece. Essas conexões são as alavancas que impulsionam seu crescimento pessoal e profissional.

À medida que desenhamos e cultivamos conscientemente esse portfólio de redes de relacionamentos, estamos forjando um caminho de transformação e aprendizado contínuos. Cada conexão é um fio precioso que adiciona profundidade e significado à nossa jornada. No entanto, lembre-se de que, como em qualquer arte, a paciência, a dedicação e a autenticidade são essenciais para criar um portfólio de redes de relacionamento verdadeiramente inspirador. A qualidade e o equilíbrio de troca nas relações são mais importantes do que a quantidade.

Outros fatores que influenciam esse fluxo de relacionamentos são o tempo e o momento de vida. A maioria de nossos relacionamentos evolui com o tempo e contatos se perdem ou se tornam menos frequentes, enquanto outros se perenizam. É muito importante respeitar e aceitar esta dinâmica fluída.

Portanto, enquanto você se encontra diante das encruzilhadas da vida, deixe seu coração e mente guiarem sua busca por conexões genuínas. Ao cultivar relacionamentos com propósito e nutrir cada peça de seu portfólio de redes de relacionamento, você estará enriquecendo sua jornada com âncoras que darão equilíbrio e sustentação em momentos de transição de vida.

CAPÍTULO 6

Sextante da ressignificação

Você pode não controlar todos os eventos que acontecem com
você, mas pode decidir não ser reduzido por eles.

MAYA ANGELOU[17]

Um dos relacionamentos mais significativos em minha vida,
que me influenciou e inspirou, foi com meu avô Nenê. Minha lembrança de nosso relacionamento é fruto de um legado
extraordinário. Trago aqui um retrato íntimo, sob minhas lentes
pessoais, de um homem que ecoou grandiosamente em minha
existência. Meu querido avô, Nenê — nascido Valdomiro —,
constituiu-se como uma das mais impactantes influências em
minha vida. Sua extraordinária jornada, aliada à forma resiliente
e compassiva com a qual enfrentou as diversas fases da existência,
é o vento que sopra nas velas de minha jornada por mares turbulentos e nunca antes navegados.

Vô Nenê, seu apelido carinhoso, transcendeu as fronteiras do
tempo, não somente como detentor de uma história singular, mas
como um ser capaz de enfrentar as marés inconstantes da vida
com notável destemor e humanidade. Seu legado é intrincado com
a concepção de família, composta por cinco filhos — quatro fi-

---

[17] Maya Angelou foi uma renomada escritora, poeta e ativista dos direitos civis
norte-americana, nascida em 1928 e falecida em 2014. Sua vida foi marcada por
experiências diversas e desafiantes, incluindo uma infância traumática e a luta
contra o racismo.

lhos homens e a caçula, minha própria mãe —, personificando um compromisso inabalável com aqueles a quem amava.

Uma odisseia multifacetada o conduziu desde os caminhos poeirentos do comércio itinerante como caixeiro-viajante até os desafios insuperáveis de um tenaz empreendedor. A fundação de uma fábrica de brinquedos e a posterior incursão no varejo com uma loja de ferragens e decoração manifestam seu espírito empreendedor inato, forjado nas fornalhas do sonho e da determinação.

Contudo, a trajetória de Nenê foi marcada por uma reviravolta abrupta, quando os caprichos da saúde o levaram a amputar ambas as pernas em um intervalo de dois anos. Numa época em que os recursos médicos eram mais limitados, o diagnóstico sombrio proferido pelos médicos poderia ter selado um destino inescapável. Todavia, minha mãe, com a obstinação que a caracteriza, recusou-se a aceitar a resignação. Eu, então uma criança de pouca idade, testemunhei a ascensão de uma pessoa íntima que se recusou a ser silenciada pela adversidade. As pernas foram amputadas, mas não sua vontade de viver.

Nessa fase desafiadora, pude testemunhar a luta de um homem que, privado de mobilidade, ressurgiu com um vigor espiritual que parecia desafiar as próprias limitações impostas por seu corpo. Ele navegou em uma cadeira de rodas, porém sua mente permaneceu ágil e resoluta. Uma escrivaninha antiga transformou-se em seu refúgio, onde ele, de maneira incansável, prosseguiu suas atividades. A contabilidade da loja e a leitura das notícias veiculadas nos principais jornais e no rádio foram apenas algumas das suas atividades cotidianas. A casa tornou-se um ponto de encontro para os que buscavam conselho e amizade, reafirmando seu papel como confidente e mentor.

Desde tenra idade, tive o privilégio de ser seu visitante frequente. Assentava-me ao seu lado, absorvendo com avidez as lições proferidas por um homem sábio e experiente. Ele compartilhava sua perspicácia sobre temas contemporâneos, lançava olhares sobre o futuro imprevisível e, com uma devoção enternecedora, ansiava por conhecer meus pensamentos e anseios. Nenê não apenas me orientava; ele nutria meu ser com amor incondicional, um presente valioso que transcendia o tempo.

Ele esteve presente em minhas conquistas, celebrando com entusiasmo minhas vitórias em cada nova etapa. Suas palavras de incentivo e apoio, porém, eram ainda mais calorosas quando as circunstâncias me desafiavam. Testemunhei suas lágrimas de pesar ao sepultar seus filhos, seu amor em gesto de carinho segurando a mão de sua esposa doente em seu leito de morte. O carinho e a devoção emanados por ele naquele momento de fragilidade revelaram um amor profundo e genuíno. Uma exposição tocante de vulnerabilidade e humanidade que jamais se esforçou para ocultar e que me marcou profundamente.

No crepúsculo de sua jornada terrena, Nenê descansou serenamente, entregando-se ao sono eterno. Tive o privilégio de acariciar sua cabeleira prateada, enquanto agradecia silenciosamente por todos os ensinamentos e momentos compartilhados. Seu legado, um legado de tenacidade, compaixão e amor, continua a inspirar-me diariamente. Em cada palavra, em cada gesto, ele reside dentro de mim, uma presença constante que moldou minha perspectiva sobre a vida e meu próprio potencial.

A história de Nenê, contada brevemente nestas páginas, é o legado que ele generosamente me deixou. Essa história é um lembrete constante de que somos capazes de enfrentar os ciclos imprevisíveis da vida com coragem e compaixão. Ele me mostrou que vulnerabilidade é o maior sinal de força. Seu exemplo perdura, instigando-me a trilhar meu próprio caminho com a mesma tenacidade e amor incondicional.

Entre as muitas lições que trago deste relacionamento está a importância de nutrir seu repertório de inteligências rumo a uma vida plena. Imagine que sua inteligência é como um intricado quebra-cabeça, composto por peças únicas que se encaixam para formar a imagem completa do seu potencial.

Cada peça representa uma habilidade vital que capacita você a resolver desafios e compreender o mundo que o cerca. Raymond

Cattell[18] nos oferece uma visão reveladora desse quebra-cabeça ao classificar a inteligência em dois tipos fundamentais: inteligência fluida e inteligência cristalizada.

1. *Inteligência fluida*: pense na inteligência fluida como o motor da inovação e da resolução de problemas em sua mente. É a capacidade de lidar com desafios novos e complexos, de forma ágil e criativa, como montar um quebra-cabeça sem nunca ter visto a imagem completa. A inteligência fluida se manifesta na habilidade de identificar padrões, fazer conexões e aplicar a lógica para alcançar soluções. Essa habilidade muitas vezes se mostra mais forte nos anos jovens, mas pode diminuir levemente à medida que envelhecemos.

2. *Inteligência cristalizada*: agora, pense na inteligência cristalizada como uma biblioteca mental repleta de conhecimentos acumulados ao longo de sua vida. Ela abrange todas as informações, vocabulário, fatos e habilidades que você adquiriu por meio de experiências e aprendizado contínuo. É como ter um repertório vasto e diversificado ao seu alcance, pronto para ser usado na solução de problemas e na tomada de decisões. A inteligência cristalizada, ao contrário da fluida, tende a se fortalecer com a idade, à medida que você acumula mais conhecimento ao longo dos anos.

O *insight* crucial aqui é que nossa inteligência é uma combinação equilibrada desses dois tipos distintos. A interação dinâmica entre inteligência fluida e cristalizada dá origem à nossa singularidade e nos capacita a enfrentar uma gama diversificada de si-

---

[18] Raymond Cattell, nascido em 1905 na Inglaterra e falecido em 1998, foi um psicólogo britânico-americano notável por suas contribuições à psicologia da personalidade e psicometria. Ele é conhecido pela teoria dos 16 fatores de personalidade e pelo uso pioneiro da análise fatorial em pesquisas psicológicas, influenciando significativamente a avaliação da personalidade e da inteligência.

tuações. É importante lembrar que tanto fatores genéticos quanto experiências moldam o desenvolvimento de nossa inteligência.

Imagine que nossa inteligência é como uma constelação de dois tipos de estrelas brilhantes: a inteligência fluida e a inteligência cristalizada. Cada uma dessas estrelas brilha em momentos específicos, e são capturados pelo nosso sextante. Um sextante é como uma régua avançada usada por navegadores para medir a distância angular entre um astro e o horizonte. Isso ajuda a determinar a localização de um navio no mar. Fazer essa medição com um sextante é semelhante a como usamos diferentes tipos de inteligência em nossa vida diária. Assim como o sextante avalia a posição de um navio por meio da observação e cálculo, nós usamos nossas diversas inteligências (como lógica, criatividade, habilidades sociais) para avaliar e responder a diferentes situações, encontrando nossa posição ou solução em um "mar" de desafios diários.

Lembra-se daqueles momentos em que você superou desafios complexos e desconhecidos com soluções brilhantes? A inteligência fluida é a força por trás desses lampejos de genialidade. Imagine-se como um jovem detetive desvendando um enigma intrigante. Você absorve informações rapidamente, identifica pistas cruciais e chega a conclusões inovadoras. Essa é a inteligência fluida em ação. Embora ela possa diminuir levemente à medida que envelhecemos, é fundamental para nosso desenvolvimento.

A inteligência cristalizada, por outro lado, é como uma biblioteca vasta e enriquecedora. Imagine-se como o zelador dessa biblioteca, familiarizado com cada seção e prateleira. A inteligência cristalizada é o conhecimento acumulado ao longo do tempo, uma riqueza de sabedoria que cresce à medida que vivemos. Com o passar dos anos, essa biblioteca mental se expande, permitindo-nos acessar informações relevantes e aplicá-las para solucionar problemas e tomar decisões. Enquanto a inteligência fluida pode perder um pouco de intensidade, a inteligência cristalizada continua a brilhar, proporcionando um alicerce sólido para o sucesso contínuo.

Aqui está a reviravolta fascinante: o sucesso na primeira metade da vida é frequentemente impulsionado pela inteligência fluida. Conforme avançamos na juventude, enfrentamos desafios com confiança e rapidez. No entanto, à medida que passamos da meia-idade, a intensidade da inteligência fluida tende a diminuir. Aqui entra em cena a inteligência cristalizada, que ilumina a segunda metade da vida. Enquanto a chama da inteligência fluida pode diminuir, a inteligência cristalizada continua a crescer, permitindo-nos manter uma perspectiva sábia e informada.

Eis um *insight* importante: se sua jornada depende predominantemente da inteligência fluida, você pode alcançar seu auge mais cedo na vida, seguido por um declínio gradual. No entanto, se você prioriza a inteligência cristalizada — ou redireciona seu foco para essa fonte de conhecimento sólido —, seu ápice pode ocorrer mais tarde na vida, com um declínio menos acentuado, ou até mesmo adiado.

Considere isso como uma jornada que começa com faíscas criativas e evolui para uma era de sabedoria acumulada e especialização.

É no ápice do uso de minha inteligência fluída, quando me sentia invencível e preparado para solucionar qualquer problema e enfrentar qualquer tipo de desafio na minha área de atuação, que tive uma grande lição.

Em 2010, minha vida tomou um rumo inesperado que me levou a explorar os recônditos da minha mente e redefinir minha compreensão de força e vulnerabilidade. Naquela época, estava no auge da minha saúde física e profissional. Eu me sentia como um super-herói, capaz de enfrentar qualquer desafio. No entanto, o universo tinha outros planos para mim.

O que eu não percebi naquela época era que minha busca incessante pela perfeição e pela imagem de invulnerabilidade estava mascarando os sinais sutis que meu próprio corpo estava tentando me enviar. Ignorar a inquietação constante, a irritabilidade inexplicável e as noites maldormidas foram um erro que custou caro. Afinal, admitir fraquezas era algo que eu não podia me permitir como super-herói.

Mas o destino tem uma maneira curiosa de nos forçar a confrontar nossos demônios interiores. Em um único dia, 24 horas que se tornaram um divisor de águas, meu mundo cuidadosamente construído desmoronou. Enquanto participava de uma reunião de negócios, algo tão simples como levantar para pegar uma xícara de café se transformou em um pesadelo. O chão parecia mover-se sob meus pés, minha respiração se tornou superficial e meu coração parecia prestes a explodir. Caí no chão, desorientado e confuso, desconectado de tudo ao meu redor. Foi um momento que não apenas me forçou a encarar a realidade, mas também me mostrou que heróis também têm suas vulnerabilidades.

A busca por respostas me levou a consultas médicas e exames físicos, todos os quais apontavam para uma saúde física impecável. No entanto, foi em uma consulta com minha médica que finalmente encontrei a resposta que tanto temia: transtorno de ansiedade. O diagnóstico foi um soco no estômago, uma admissão de que minha armadura de super-herói era apenas uma fachada frágil para a batalha que travava internamente.

A jornada de cura foi um processo que me levou a explorar as profundezas da minha mente e do meu passado. Descobri que o trauma da perda de entes queridos havia criado o terreno perfeito para a ansiedade se enraizar. Por meio de terapia e orientação profissional, aprendi a reconhecer os sinais que havia negligenciado. A irritabilidade não era apenas uma oscilação de humor, era um pedido de ajuda. A inquietação constante era mais do que apenas inquietação, era um chamado para atenção. E o sono perdido não era um efeito colateral, mas um alerta de que a negação não era a mesma coisa que enfrentamento.

Enfrentar minha própria vulnerabilidade foi uma das batalhas mais difíceis, mas também a mais libertadora. Por meio desse processo, descobri que a verdadeira força reside em aceitar nossas imperfeições e pedir ajuda quando precisamos. Ao compartilhar minha jornada de superação, fui recebido por uma comunidade empática que compartilhava histórias semelhantes de luta contra o estigma da saúde mental.

Hoje, meu propósito é claro. Quero trabalhar incansavelmente para que as pessoas ao meu redor alcancem seu potencial. Minha missão é ser um farol de esperança para todos que enfrentam desafios semelhantes. Quero lembrar a todos nós que nossa humanidade está enraizada em nossas histórias complexas e emocionantes, que merecem ser ouvidas, compreendidas e compartilhadas. A jornada de superação é contínua, mas estou determinado a continuar combatendo estigmas, abraçando minha saúde mental para desafiar o estresse e lembrar a todos que mesmo os super-heróis têm suas batalhas internas para travar.

A vida é uma obra-prima da imprevisibilidade, uma tela pintada com reviravoltas inesperadas que desafiam nosso desejo de controle. O controle, embora uma ferramenta poderosa, pode rapidamente se transformar em uma espada de dois gumes, capaz de empoderamento e sofrimento. Em nossa jornada para navegar pelas complexidades da vida, devemos aprender a harmonizar nossa necessidade inata de controle com as realidades de um mundo em constante mudança. Saber navegar no delicado equilíbrio entre controle e entrega nos auxilia a lidar com seu impacto profundo em nossos níveis de estresse.

O controle é uma força magnífica, capaz de moldar nossos comportamentos, nosso ambiente e promover um senso de segurança. No entanto, como já percebemos, buscar o controle pode ser uma batalha árdua que nos deixa esgotados e desanimados. Nosso ambiente nem sempre é estável e previsível; ele pode se transformar em um piscar de olhos, nos pegando desprevenidos. É nesses momentos de imprevisibilidade que a verdadeira natureza do controle se revela como uma dança delicada entre aspiração e realidade.

Em situações em que temos investimentos emocionais profundos, o desejo de controlar o resultado se torna quase instintivo. A vontade de moldar as circunstâncias de acordo com nossos desejos pode nos levar a uma luta prolongada contra o incontrolável. No entanto, essa batalha muitas vezes se revela infrutífera, nos deixando cansados e comprometendo nossa saúde. É crucial reconhecer que buscar um controle absoluto em um mundo inerentemente incerto é uma busca com retornos diminuídos. A sabedoria está em nossa capacidade de discernir o que está ao nosso alcance e o que está além dele. Imagine dividir as circunstâncias de sua vida em dois baldes: um cheio do que você pode controlar e o outro com o que você não pode. Esse exercício mental serve como um lembrete de que nossa influência se estende apenas até certo ponto e de que, afora isso, existe um domínio de eventos que estão além de nosso alcance. Abraçar essa divisão nos liberta do fardo de tentar controlar o incontrolável.

Uma vez li uma citação do Dalai Lama:[19] "Se um problema é solucionável, se uma situação é tal que você pode fazer algo a respeito, então não há necessidade de se preocupar. Se não for solucionável, então não há ajuda em se preocupar". Essas palavras encapsulam a essência de nossa jornada. Elas nos incentivam a canalizar nossa energia em soluções acionáveis para as questões que podemos influenciar, ao mesmo tempo que nos permitem soltar nosso controle sobre assuntos que estão além de nossa capacidade.

Comecei a descobrir maneiras mais saudáveis de lidar com o estresse do controle. Aprendi a distinguir entre o que podemos e não podemos controlar, ecoando minha compreensão de que o verdadeiro controle é um domínio interno, ao invés de uma manipulação externa. Essa realização foi crucial para mim, pois me

---

[19] O Dalai Lama é o título dado ao líder espiritual do povo tibetano. Tradicionalmente, ele também é o líder temporal do Tibete, embora o atual Dalai Lama, Tenzin Gyatso, tenha renunciado a essa função política. Nascido em 6 de julho de 1935, Tenzin Gyatso foi reconhecido como a 14ª reencarnação do Dalai Lama quando era criança. Ele assumiu o poder político no Tibete em 1950, mas fugiu para o exílio na Índia em 1959 após a repressão chinesa no Tibete. Desde então, ele tem sido um defensor da autonomia tibetana e da preservação da cultura e religião tibetanas, abordando esses assuntos em um contexto global. O Dalai Lama é conhecido por seus ensinamentos sobre a compaixão e a paz, e foi agraciado com o Prêmio Nobel da Paz em 1989.

permitiu deslocar meu foco de lidar com fatores externos para nutrir minha resiliência interna.

O medo de perder o controle de uma situação pode ser paralisante. Enquanto isso, sabemos que, quanto mais conseguimos tolerar a incerteza, menos propensos estamos a desenvolver condições psicológicas mais sérias — uma maior tolerância à incerteza está associada a menores taxas de ansiedade e depressão. Aqueles que têm ansiedade são particularmente afetados pela incerteza: eles tendem a ter um viés cognitivo de ver perigo quando há ambiguidade e muitas vezes responderão a uma situação incerta com uma reação de ameaça total. Como na maioria das coisas, a tolerância à incerteza ocorre em um espectro — alguns podem lidar razoavelmente bem com o "espaço aberto" da ambiguidade, com sistemas nervosos simplesmente mais bem calibrados para esse tipo de condição; outros realmente lutam e são muito mais reativos.

Uma variedade de fatores poderia estar determinando sua tolerância à incerteza, incluindo genética, criação, personalidade e experiências de vida. Um estudo com camundongos mostrou como um conjunto específico de neurônios no sistema límbico cria comportamentos ansiosos quando há um ambiente que parece incerto. Os camundongos instintivamente se dirigem a espaços pequenos e escuros em busca de proteção e percebem espaços amplos como intrinsecamente ameaçadores — compreensível, porque na natureza a chance de serem capturados por um predador é bastante alta.

No estudo, quando os camundongos estavam em campo aberto, neurônios específicos na área de memória e emoção de seus cérebros eram ativados — neurônios que superaram a resolução de problemas e o pensamento "superior" — e desencadeavam um comportamento de evitação impulsiva nos camundongos, que rapidamente voltavam às sombras. Mas quando a equipe de pesquisa descobriu como essencialmente desativar esses "neurônios de ansiedade", os camundongos relaxaram e começaram a explorar o espaço aberto.

SEXTANTE DA RESSIGNIFICAÇÃO

A ideia é que podemos traçar uma linha direta da incerteza para a ansiedade, para uma resposta completa de ameaça e, finalmente, para evitar qualquer coisa incerta ou ambígua. Pessoas que tendem a ter uma baixa tolerância à incerteza experimentam muito mais ansiedade e estresse. No extremo, o perfil clínico mostra que, quando as pessoas não conseguem tolerar nem mesmo uma pequena quantidade de risco (e frequentemente veem a ambiguidade como arriscada), isso se transforma no que rotulamos de "transtorno de ansiedade generalizada", caracterizado por ter sua atenção presa no modo de "procurar perigo", preocupar-se excessivamente e apresentar sintomas físicos de ansiedade (preocupação excessiva, evitação de situações novas, corpo tenso, respostas de susto). Pessoas com transtorno de ansiedade generalizada tendem a buscar reafirmação repetidamente e a evitar situações ambíguas ou "espaços abertos". Mas quando evitamos situações que contêm um pouco de incerteza, nos privamos de muitas experiências e oportunidades na vida. Nós somos os camundongos; a vida é a coruja.

O conceito das duas flechas, frequentemente referido no contexto do budismo e da psicologia budista, ilustra a diferença entre a dor primária e a dor secundária que experimentamos diante das adversidades. A primeira flecha representa a dor inevitável e imediata que surge de situações desafiadoras — é a resposta natural à vida, que todos enfrentamos em algum momento. A segunda flecha, por sua vez, é a dor adicional que infligimos a nós mesmos por meio da resistência, do sofrimento excessivo e da ruminação sobre a situação inicial. Ao entender e aplicar esse conceito, podemos aprender a minimizar a dor secundária, desenvolvendo resiliência diante das dificuldades e evitando a amplificação desnecessária do sofrimento.

Para lidar com a segunda flecha, aprendi a diferença entre "lutar, fugir ou render-se" — uma arte que eu tive que aprender do zero. Abrir mão da ilusão de controle não implica render-se ao caos; pelo contrário, é um convite para praticar flexibilidade e adaptabilidade. Comecei a responder aos desafios com um novo senso de calma, sabendo que, embora não pudesse controlar todos os resultados, podia controlar minha abordagem a eles.

O conceito de "lutar, fugir ou render-se" refere-se a um padrão de respostas naturais que os seres humanos e outros animais exibem diante de situações de estresse, perigo ou desafio. Essas respostas são ativadas pelo sistema nervoso em reação a estímulos que são percebidos como ameaçadores ou desafiadores.

- *Lutar*: a resposta de lutar envolve enfrentar ativamente a situação de perigo ou estresse. É uma resposta impulsiva que busca confrontar e superar a ameaça. Quando confrontadas com um desafio, algumas pessoas tendem a responder com agressão ou assertividade, buscando resolver o problema de maneira direta. Essa resposta pode ser útil em situações em que a pessoa acredita que tem alguma influência ou controle sobre a situação e pode efetivamente superar a ameaça.

- *Fugir*: a resposta de fuga envolve evitar ou escapar da situação de estresse ou perigo. É uma reação de autopreservação que visa remover-se do perigo percebido. Algumas pessoas são propensas a essa resposta, optando por evitar confrontos ou desafios que consideram esmagadores ou ameaçadores. A resposta de fuga pode ser adaptativa quando a situação é verdadeiramente perigosa e a retirada é a melhor opção para a segurança pessoal.

- *Render-se*: a resposta de render-se envolve aceitar ou submeter-se à situação de estresse ou perigo. É uma resposta mais passiva e envolve aceitar a falta de controle ou o inevitável. Algumas pessoas podem sentir que não têm recursos ou poder para lidar com a situação e, portanto, desistem ou aceitam a situação como está. No entanto, é importante notar que se render nem sempre é uma resposta negativa; em algumas situações, pode ser uma forma de deixar ir e aceitar a realidade.

Além dos padrões de "lutar, fugir ou render-se", existe outro conceito relevante quando se trata de lidar com o estresse, desafios e situações difíceis: a "aceitação radical da realidade". Essa abordagem envolve reconhecer e aceitar a realidade exatamente como ela é, independentemente de ser desejável ou indesejável.

A aceitação radical não é uma forma de render-se passivamente, mas sim uma escolha consciente de enfrentar a realidade sem resistência ou julgamento. Isso não significa que você concorda ou aprova tudo o que está acontecendo, mas sim que você deixa de lutar contra a realidade e de gastar energia tentando mudar algo que está além do seu controle.

Ao adotar a aceitação radical, você se liberta da luta interna contra as circunstâncias que não pode mudar, o que por sua vez pode reduzir o estresse, a ansiedade e a tensão emocional. Isso não impede a busca por melhorias ou mudanças em situações que estão dentro de sua influência, mas direciona sua atenção para o que você pode fazer em vez de se preocupar excessivamente com o que está fora de seu alcance.

A aceitação radical também se alinha com a prática de *mindfulness*, que envolve estar plenamente presente no momento e observar suas experiências internas e externas sem julgamento. Isso ajuda a desenvolver uma maior compreensão e clareza sobre as situações, permitindo uma resposta mais equilibrada e saudável.

Portanto, ao combinar os conceitos de "lutar, fugir ou render-se" com a "aceitação radical da realidade", você cria uma abordagem mais abrangente para lidar com desafios e estresse, lidando efetivamente com a "segunda flecha". Você pode escolher entre as respostas tradicionais de luta, fuga ou rendição, ou optar pela aceitação radical, que envolve enfrentar a situação com serenidade e aceitação, independentemente de como ela se desenrole. Isso permite uma resposta mais consciente e adaptativa, promovendo um maior senso de equilíbrio e bem-estar emocional.

Essas respostas são influenciadas por fatores individuais, experiências de vida, personalidade e percepções de controle sobre a situação. Além disso, a resposta não é necessariamente fixa;

uma pessoa pode exibir diferentes respostas em diferentes contextos. O entendimento dessas respostas pode ser útil para lidar com o estresse e tomar decisões conscientes em momentos desafiadores. Lembre-se sempre de que a segunda flecha é uma opção que temos controle e é chave na construção de nossa resiliência. Enquanto navegamos nas intricadas nuances da vida, lembre--se de que o controle é uma ferramenta, não um destino. A busca pelo controle pode levá-lo por vales de estresse e incerteza, mas ao abraçar os limites de sua influência e se render à beleza da entrega, você pode embarcar em um caminho de serenidade. A natureza imprevisível da existência não precisa ser uma fonte de angústia; pode ser uma tela para o crescimento e a adaptação. Por meio da delicada interação entre controle e aceitação, você pode moldar uma vida que se harmoniza com o fluxo do mundo ao seu redor.

Ao abraçar estratégias de ressignificação positiva e distanciamento emocional, você está construindo uma base sólida para uma vida mais resiliente e menos dependente em ter controle. É importante lembrar que mudar sua perspectiva e aprender a se afastar das situações de maneira saudável não são um processo imediato, mas sim uma jornada contínua de autodescoberta e crescimento. Com o tempo e a prática, você se tornará mais habilidoso em enfrentar desafios com positividade e equilíbrio emocional.

A arte de transformar pensamentos negativos em positivos é uma habilidade poderosa que pode ser aprimorada com prática constante. Aqui estão estratégias adicionais para dominar a ressignificação positiva:

- *Aceitação e adaptação*: além de ver desafios como oportunidades de crescimento, pratique aceitar as situações como elas são. Isso não significa se resignar, mas sim entender que algumas coisas estão fora do seu controle. Adapte-se com flexibilidade e encontre maneiras construtivas de lidar com o que é possível. Imagine-se como um observador imparcial diante de suas próprias emoções e pensamentos. Essa perspectiva ajuda a evitar que você se envolva excessivamente em reações emocionais intensas.

- *Narrativa positiva*: conte histórias sobre suas experiências de forma positiva. Em vez de enfatizar as dificuldades, destaque como você superou os obstáculos e aprendeu com eles. Isso não apenas influencia sua perspectiva, mas também inspira os outros. Praticar o distanciamento emocional é uma habilidade que traz clareza e calma à sua vida. Explore estas técnicas para aprimorar sua capacidade de se distanciar.

- *Questionamento socrático*: quando você se sentir sobrecarregado por uma situação, faça perguntas reflexivas como "Qual é a pior coisa que pode acontecer?" e "Qual é a evidência real para esse pensamento?". Isso ajuda a desmantelar padrões de pensamento negativos.

- *Intervalo de resposta*: treine-se para dar um passo atrás antes de reagir. Quando confrontado com uma situação desafiadora, tire um momento para respirar profundamente e considerar suas opções antes de agir.

O estresse, muitas vezes visto como um fator negativo, pode na verdade desempenhar um papel significativo na melhoria de abordagens e na sinergia com a mentalidade de crescimento. Embora seja comum associar o estresse a consequências adversas para a saúde mental e física, ele também possui uma faceta que pode ser aproveitada de forma produtiva.

Quando encarado de maneira saudável, o estresse pode aumentar nossa capacidade de enfrentar desafios e promover o crescimento pessoal. Ele pode atuar como um impulso para desenvolver habilidades de resolução de problemas e tomar decisões rápidas em situações de pressão. A pressão exercida pelo estresse pode, de certa forma, forçar-nos a sair da nossa zona de conforto e a adotar abordagens criativas e inovadoras para superar obstáculos, além de nos ajudar a mobilizar recursos essenciais e reorganizar nossa resposta cognitiva.

Aqui é onde a mentalidade de crescimento entra em jogo. A mentalidade de crescimento envolve a crença de que habilidades e inteligência podem ser desenvolvidas ao longo do tempo com esforço, prática e aprendizado contínuo. Quando alguém adota uma mentalidade de crescimento, está mais propenso a ver os desafios como oportunidades de aprendizado e crescimento, em vez de obstáculos intransponíveis.

A sinergia entre o estresse e a mentalidade de crescimento ocorre quando encaramos as situações estressantes como oportunidades de crescimento. Em vez de nos sentirmos sobrecarregados e desencorajados, podemos utilizar o estresse como um motivador para buscar soluções inovadoras, aprender com os erros e desenvolver novas competências. A mentalidade de crescimento nos ajuda a transformar o estresse em um catalisador para o desenvolvimento pessoal e profissional.

Nesse efeito sinérgico entre estresse e mentalidade de crescimento, é importante que adotemos uma postura de valorizar nossos esforços e não criar rótulos que nos identificam como pessoa. Ao criar rótulos, estamos desenvolvendo uma mentalidade fixa que inibe o aprendizado e estimula as respostas emocionais. Ao valorizar nossos esforços, estamos potencializando áreas que controlamos e nas quais podemos desenvolver nossas qualidades. Essas áreas estão relacionadas com: onde colocamos nossa atenção, o tipo de esforço que colocamos e o nível de persistência.

No entanto, é importante ressaltar que essa abordagem requer autogerenciamento e equilíbrio. O estresse excessivo e crônico pode levar a efeitos negativos significativos para a saúde e o bem-estar. Portanto, é essencial adotar estratégias saudáveis para lidar com o estresse, como a duração de períodos sob estresse, mitigar o efeito do estresse mediante prática regular de exercícios, a implementação de técnicas de relaxamento e meditação, além da busca de apoio social e de redes de apoio.

Em resumo, o estresse não precisa ser exclusivamente negativo. Quando combinado com uma mentalidade de crescimento, ele pode se tornar uma ferramenta poderosa para impulsionar a

SEXTANTE DA RESSIGNIFICAÇÃO

busca por soluções criativas, a aquisição de novas habilidades e o desenvolvimento pessoal. O segredo está em abordar o estresse de maneira construtiva e equilibrada, aproveitando-o como um impulso para alcançar o nosso potencial máximo. Aprimorar as habilidades de gerenciamento de tempo é essencial em um mundo acelerado, onde as demandas diárias competem por nossa atenção e energia. A capacidade de utilizar o tempo de forma eficiente não apenas aumenta a produtividade, mas também reduz o estresse e melhora a qualidade de vida.

O primeiro passo para um gerenciamento de tempo eficaz é estabelecer metas claras e alcançáveis. Estudos mostram que definir objetivos específicos e mensuráveis aumenta a motivação e a probabilidade de sucesso. Ao criar metas, lembre-se da abordagem Smart: elas devem ser Específicas, Mensuráveis, Atingíveis, Relevantes e Temporais. Isso ajuda a direcionar seus esforços para resultados tangíveis.

Uma pesquisa conduzida pela Universidade de Toronto revelou que pessoas que definem metas alcançáveis tendem a se sentir mais realizadas e menos propensas a procrastinar. Ao invés de sobrecarregar-se com objetivos ambiciosos demais, divida-os em etapas menores e realize ajustes conforme necessário.

Uma vez que você tenha metas claras, é crucial priorizar as tarefas que o ajudarão a alcançá-las. A Matriz de Eisenhower, desenvolvida pelo ex-presidente dos EUA Dwight D. Eisenhower,[20] é uma ferramenta eficaz para classificar tarefas com base em sua importância e urgência. Isso auxilia na identificação das atividades que merecem sua atenção imediata e daquelas que podem ser delegadas ou adiadas.

Para aplicar a Matriz de Eisenhower no gerenciamento de tempo e prioridades, comece identificando todas as suas tare-

---

[20] Dwight D. Eisenhower, 34º presidente dos EUA de 1953 a 1961, foi um general da Segunda Guerra Mundial e comandante supremo da Organização do Tratado do Atlântico Norte (Otan). Sua presidência foi marcada pela contenção do comunismo, desenvolvimento de infraestrutura e avanços na política de direitos civis. Faleceu em 1969.

fas e responsabilidades. Entenda que as tarefas importantes são aquelas que estão alinhadas com seus objetivos de longo prazo ou valores fundamentais, enquanto as urgentes demandam atenção imediata, muitas vezes ligadas a prazos ou consequências imediatas se negligenciadas.

Crie a matriz desenhando um quadrado e dividindo-o em quatro quadrantes. Nomeie os quadrantes como "Importante e Urgente", "Importante mas Não Urgente", "Não Importante mas Urgente" e "Não Importante e Não Urgente". Classifique suas tarefas nesses quadrantes questionando a importância e a urgência de cada uma.

Para tarefas "Importante e Urgente", priorize e execute-as prontamente. As "Importante mas Não Urgente" devem ser agendadas regularmente, já que são vitais para o sucesso a longo prazo. Tarefas "Não Importante mas Urgente" podem ser delegadas ou feitas rapidamente para liberar tempo para os quadrantes mais críticos. "Não Importante e Não Urgente" devem ser minimizadas ou eliminadas, pois geralmente são distrações.

Revise e ajuste a matriz com frequência para que ela reflita as mudanças em suas prioridades ou na urgência das tarefas. Esteja aberto para reavaliar e reclassificar as tarefas conforme necessário.

Algumas dicas adicionais: seja realista sobre o que é possível alcançar em um dia ou uma semana. Lembre-se de que a importância de uma tarefa é tão crucial quanto sua urgência. Utilize a matriz como uma ferramenta para ajudar no foco e na tomada de decisões, e não como uma restrição rígida. Seguindo esse processo, você poderá estruturar a Matriz de Eisenhower de forma eficiente para gerir melhor o tempo e as prioridades.

Estudos conduzidos pela Universidade de Harvard demonstraram que a priorização deliberada de tarefas resulta em maior sensação de realização e menor sensação de sobrecarga. Ao direcionar sua energia para as tarefas mais importantes, você pode evitar a armadilha de se ocupar com atividades de baixa relevância.

Muitas vezes, a relutância em delegar tarefas pode resultar em excesso de trabalho e perda de eficiência. A capacidade de delegar de forma eficaz é uma habilidade valiosa que permite concentrar-se em atividades que requerem sua *expertise* e habilidades exclusivas. Pesquisas realizadas pela Universidade de Ohio indicam que líderes que dominam a arte da delegação tendem a ter equipes mais engajadas e produtivas.

Para delegar com sucesso, identifique as tarefas que podem ser transferidas para outros membros da equipe, considerando suas habilidades e cargas de trabalho. Uma abordagem colaborativa promove a confiança entre colegas e ajuda a distribuir o trabalho de maneira equitativa.

Além disso, a criação de uma rotina por meio de "marcadores de rotina" na sua agenda de atividades ajuda a proteger seu tempo para atividades que vão além do trabalho como: crescimento espiritual, exercícios físicos, se dedicar a relacionamentos sociais que trazem significado e que possibilitam mais tempo para o seu desenvolvimento pessoal. Reservar o tempo na agenda, de maneira recorrente, para esses marcadores é chave.

Para abrir tempo na agenda, temos que aprender a dizer "não" para atividades ou demandas que não estejam alinhadas com nossas metas, prioridades, ou que custem usar o tempo alocado para nossos marcadores de rotina.

O livro *Essencialismo*, escrito por Greg McKeown (2021),[21] propõe uma abordagem cuidadosa e estratégica para dizer "não", a fim de priorizar o que realmente importa. A essência dessa abordagem reside em três passos fundamentais:

1. *Explore suas opções*: antes de tomar qualquer compromisso, reserve um tempo para considerar todas as opções disponíveis. Pergunte-se se essa nova tarefa ou responsabilidade está alinhada com seus objetivos e prioridades mais importantes. Avalie se isso contribuirá significativamente para seu crescimento pessoal ou profissional. O objetivo

---

[21] Greg McKeown é um autor e palestrante conhecido por popularizar o conceito de "essencialismo" em seu livro de mesmo nome. McKeown promove a ideia de menos, mas melhor, tanto na vida pessoal quanto profissional.

é garantir que você esteja investindo seu tempo e energia onde realmente faz diferença.

2. *Avalie criteriosamente*: ao avaliar as diferentes oportunidades, use critérios claros para determinar sua relevância e impacto. Pergunte-se se a tarefa é a melhor maneira de alcançar seus objetivos ou se há alternativas mais eficazes. Considere os *trade-offs* envolvidos, como o tempo que você terá que dedicar a essa tarefa em comparação com outras atividades igualmente importantes. Isso ajuda a identificar as oportunidades que realmente merecem seu compromisso.

3. *Diga não com tato e clareza*: depois de considerar suas opções e avaliar criteriosamente, é hora de dizer "não" às oportunidades que não se alinham com suas prioridades. Lembre-se de que dizer "não" não significa rejeitar alguém de maneira rude, mas sim comunicar sua decisão de forma respeitosa e honesta. Explique seus motivos de maneira transparente, destacando que você está focado em projetos que demandam sua atenção máxima. Ao fazer isso, você está se comprometendo a preservar seu tempo e energia para o que é essencial.

A abordagem descrita anteriormente enfatiza a importância de proteger suas prioridades e evitar o esgotamento ao dizer "sim" a tudo. Ao abraçar essa mentalidade, você pode direcionar seus recursos para as atividades que agregam mais valor e proporcionam um impacto mais significativo em sua vida e carreira.

O gerenciamento eficiente do tempo é uma habilidade fundamental no mundo atual, onde as demandas são constantes e diversificadas. Ao estabelecer metas alcançáveis, priorizar tarefas e aprender, delegar de maneira eficaz, proteger seus marcadores de rotina e saber dizer não, você pode reduzir o estresse, aumentar a produtividade e alcançar um equilíbrio saudável entre trabalho e vida pessoal. Lembre-se de que a implementação consistente dessas estratégias leva a resultados duradouros e a uma sensação de realização contínua.

PRÁTICA: MAPEANDO DIMENSÕES DE CRESCIMENTO E BEM-ESTAR PESSOAL

A proposta dessa prática é auxiliar como você divide seu tempo e atenção nas dimensões que trazem crescimento e bem-estar pessoal:

- *Desenvolvimento intelectual*: tempo alocado para desenvolvimento de novas habilidades, competências ou de aprofundamento.
- *Relacionamentos*: tempo alocado para conexões sociais e relacionamentos de qualidade.
- *Experiências de fluxo*: as experiências de fluxo podem ocorrer em uma ampla variedade de atividades, desde esportes e arte até trabalho e *hobbies*. Alcançar um estado de fluxo frequentemente está associado a um sentimento de alegria, criatividade e satisfação. É um estado no qual as pessoas estão completamente envolvidas e derivam motivação intrínseca da própria atividade.
- *Crescimento espiritual*: voluntariado, serviços à comunidade.
- *Saúde física*: exercícios aeróbicos, musculação, flexibilidade.
- *Saúde mental*: atividades restaurativas, terapias, meditação.
- Estabeleça para cada dimensão a importância dada à dimensão e o quanto de tempo você dedica a ela em uma escala de 1 a 7. Priorize as dimensões de maior importância e identifique as principais lacunas: dimensões de alta importância onde alocamos menos tempo.

Desenvolva uma estratégia para fechar essas lacunas e calibrar seu tempo alocado de dimensões com menor importância para as de maior importância.

REINVENÇÃO CORAJOSA

Quadro 1
Dimensionamento para alocação de tempo

Dimensões	Importância escala 1-7	Tempo alocado escala 1-7
Desenvolvimento intelectual		
Relacionamentos		
Experiências de fluxo		
Crescimento espiritual		
Saúde mental		
Saúde física		

Fonte: Elaborado pelo autor.

Figura 3
Diagrama de alocação de tempo

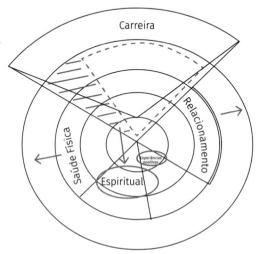

Fonte: Elaborada pelo autor.

CAPÍTULO 7

Telescópio da educação contínua

A educação não transforma o mundo. Educação
muda as pessoas. Pessoas transformam o mundo.

PAULO FREIRE[22]

Na essência profunda de nossa família, reside a crença inabalável de que a educação é o veículo que nos conduz à expansão e crescimento pessoal. Ela é um poder que transcende os limites das salas de aula e das etapas formais do aprendizado. Foi no ano de 2014 que me integrei ao Projeto Gauss. Uma rede do bem, sem fins lucrativos, cujo propósito de transformar vidas, investindo em pessoas por meio da missão de levar jovens de baixa renda mas alto potencial a ter acesso a universidades de primeira linha. Esse propósito se materializa mediante auxílio financeiro, bolsas em escolas e cursos pré-vestibulares, dois mentores por bolsistas, além de suporte psicológico e pedagógico. O Projeto Gauss ainda conta com uma rede de associados e gestores que apoiam cada etapa do processo.

O Projeto Gauss foi concebido pelas mãos de jovens que, conscientes de seu privilégio por terem sido agraciados com toda sorte de amparo e educação, alçaram voo para as universidades de primeira linha. Movidos por esse propósito, decidiram retribuir à sociedade e aos jovens desprovidos dessas mesmas oportuni-

---

[22] Paulo Freire foi um influente educador e filósofo brasileiro, nascido em 1921 e falecido em 1997, conhecido por seu trabalho pioneiro na pedagogia crítica.

dades, no instante em que eles próprios lançavam seus passos no terreno profissional. Esse ato de altruísmo me cativou, ecoando em mim o sentido de propósito e dedicação ao potencial humano que compõe minha própria essência.

Ao celebrarmos o nono aniversário do Projeto Gauss em 2023, mais de 170 jovens testemunham como essa rede calorosa lhes permitiu alçar voo rumo às universidades mais prestigiadas. Essa jornada é sustentada pela dedicação de uma rede de benfeitores, uma rede do bem, formada por mais de 200 mentores, psicólogos e empresas parceiras, todos imbuídos por essa nobre causa.

A essência do Projeto Gauss é a transformação de vidas, edificada por meio do investimento na formação integral de cada Gaussiano. Cada processo envolve a família em um abraço caloroso, criando uma conjuntura na qual não apenas os jovens agraciados colhem benefícios, mas todo o núcleo familiar é tocado.

O Gauss se propõe a investir em vidas por meio da educação. Acreditamos no poder de transformação da educação.

Educação é a chave que abre a porta para o sucesso e nos capacita a moldar nosso próprio destino. A educação universitária, em particular, é uma força transformadora. Ela proporciona não apenas uma base acadêmica, mas também uma plataforma para crescimento pessoal, curiosidade intelectual e horizontes expandidos.

Nelson Mandela certa vez disse: "A educação é a arma mais poderosa que você pode usar para mudar o mundo". Essas palavras são verdadeiras, ressoando com as experiências de inúmeras pessoas que transcenderam suas circunstâncias por meio do poder do conhecimento.

A busca incessante pelo conhecimento transforma vidas e expande seu horizonte de realizações e crescimento pessoal. Além disso, num mundo cada vez mais incerto e dinâmico, a importância da aprendizagem ultrapassou as fronteiras tradicionais da sala de aula. A aprendizagem ao longo da vida emergiu como uma ferramenta essencial para o crescimento pessoal, desenvolvimento profissional e enriquecimento geral. Este capítulo explora o significado da aprendizagem ao longo da vida por meio de três abordagens distintas: educação formal, aprendizado com os outros e a curiosidade inata de explorar.

A educação formal lança as bases para o crescimento intelectual e o pensamento crítico. Equipa os indivíduos com conhecimentos fundamentais, habilidades práticas e uma compreensão estruturada do mundo ao seu redor. A escola tradicional oferece um ambiente estruturado onde os alunos podem mergulhar em várias disciplinas, orientados por educadores experientes. Este método de aprendizagem transmite habilidades cognitivas essenciais, fomenta a disciplina e aprimora as habilidades de resolução de problemas.

No entanto, no contexto moderno, a educação formal é apenas o começo. O ritmo acelerado do avanço tecnológico e a natureza mutável dos mercados de trabalho exigem uma constante aquisição de habilidades. Os aprendizes ao longo da vida reconhecem a necessidade de complementar a educação formal com métodos alternativos de aprendizagem, criando assim um conjunto de habilidades mais abrangente e adaptável.

Aprender com os outros é uma abordagem poderosa que permite aos indivíduos se beneficiarem das experiências e *insights* daqueles que percorreram caminhos semelhantes. Mentores, colegas e especialistas em várias áreas oferecem perspectivas valiosas que vão além do que os livros didáticos podem oferecer. Conversas, eventos de *networking*, oficinas e seminários servem como plataformas para interagir com mentes diversas e absorver conhecimentos que, de outra forma, seriam inacessíveis.

Aprender com os outros exige desenvolver a escuta ativa e genuinamente interessada. Uma abordagem-chave é sempre buscar pontos de vista divergentes e de minorias para que possamos nos despir de nossos vieses e desenvolver um pensamento crítico. Ampliar as fronteiras de conhecimento além de nossa "bolha" faz parte da busca pelo conhecimento pleno.

Nessa busca por pontos de vista divergentes, procuro não validar meu ponto de vista mas sim entender como funciona a lógica por trás desses pontos de vista divergentes dos nossos. O entendimento de como o processo de pensar diferente da gente funciona enriquece nossa capacidade de melhorar nossos próprios processos de pensamento. A mentoria, em particular, é uma das abordagens mais eficazes do aprendizado com os outros. Ao estabelecer relações com mentores, obtemos acesso a conselhos do mundo real, e relatos pessoais que vão além do aprendizado teórico. O relacionamento entre mentor e mentorado é uma relação de confiança que catalisa o crescimento pessoal, incute um senso de responsabilidade e ajuda os mentorados a enfrentar desafios com maior resiliência.

Eu sempre procurei não somente me cercar de pessoas que sabem mais do que eu e que trazem perspectivas e vivências diversas, mas também contar com o apoio de mentores. Cada mentor que tive estava relacionado com o desafio que estava enfrentando e com a segurança psicológica que precisava nestes momentos desafiadores. Procuro cultivar essa rede de mentores e manter vivas as trocas de experiências e aprendizados.

Além disso, procuro desempenhar meu papel de mentor sempre que solicitado. Esse papel, sempre feito de maneira generosa e comprometida, ainda me dá o benefício de aprender coisas novas e ressignificar minhas experiências passadas.

A curiosidade é a força motriz por trás da inovação e do progresso humanos. A inclinação natural para questionar, experimentar e explorar alimenta o desejo de aprender de forma independente. Essa abordagem à aprendizagem incentiva os indivíduos a seguir suas paixões, mergulhar em novos domínios e adquirir conhecimentos impulsionados por motivação intrínseca. O ato de explorar curiosidades pode levar a conexões e *insights* inesperados que moldam trajetórias pessoais e profissionais.

Os aprendizes ao longo da vida canalizam sua curiosidade ao buscar ativamente novas experiências, seja aprender um instrumento musical, um novo idioma ou compreender teorias científicas complexas. Essa abordagem instila um senso de admiração e mantém a mente ágil, cultivando o hábito de aprendizado contínuo ao longo da vida.

As três abordagens — educação formal, aprendizado com os outros e exploração impulsionada pela curiosidade — trabalham em sinergia para criar uma jornada de aprendizado holística. A educação formal fornece um quadro estruturado e habilidades essenciais, aprender com os outros enriquece as perspectivas e oferece sabedoria prática, e a exploração impulsionada pela curiosidade estimula a inovação e o crescimento pessoal. A combinação dessas abordagens capacita os indivíduos a prosperar num mundo em constante mudança.

Figura 4
Abordagem holística para a mudança

Fonte: Elaborada pelo autor.

Na era digital de hoje, a acessibilidade à informação é incomparável. Cursos online, *webinars*, *podcasts* e plataformas interativas democratizaram a aprendizagem, permitindo que os indivíduos adaptem suas experiências educacionais às suas necessidades e horários únicos. Essa democratização da aprendizagem, juntamente com a integração de várias abordagens de aprendizagem, transforma a maneira como o conhecimento é adquirido e aplicado.

Porém é fundamental filtrar e mapear áreas de conhecimento e desenvolvimento alinhados com seu propósito, interesses e paixões.

A jornada de abraçar a aprendizagem ao longo da vida é repleta de benefícios, mas também é permeada por desafios significativos. Lidar com restrições de tempo, conciliar prioridades conflitantes e enfrentar o temor do fracasso podem se mostrar barreiras formidáveis para o progresso nesse caminho. No entanto, a superação desses obstáculos requer uma transformação em nossa mentalidade, que implica reconhecer que a aprendizagem não é uma empreitada de ponto final, mas sim um processo perene que enriquece e aprimora nossa jornada de vida.

Para adotar e manter uma postura de aprendizagem contínua, indivíduos podem seguir um conjunto de estratégias-chave. Primeiramente, a definição de metas realistas se revela fundamental. Estabelecer objetivos claros e alcançáveis é o ponto de partida para qualquer empreendimento de aprendizado constante. Além disso, a alocação regular de tempo dedicado à aprendizagem é crucial. Comprometer-se a dedicar um tempo consistente a esse processo é um passo necessário para assegurar progresso efetivo.

Contudo, não é apenas uma tarefa solitária. A criação de uma rede de apoio é um elemento vital. Parcerias de responsabilidade, grupos de estudo e relacionamentos de mentoria desempenham um papel fundamental em fornecer o incentivo necessário para persistir quando nos deparamos com os desafios inerentes à busca constante de conhecimento.

A aprendizagem ao longo da vida é um empreendimento multifacetado que envolve educação formal, aprendizado com os outros e a curiosidade natural de explorar. Essas abordagens, quando integradas, criam uma sinergia poderosa que capacita os indivíduos a se adaptar, inovar e se destacar num mundo em constante mudança. Seja por meio de salas de aula estruturadas, conversas esclarecedoras ou explorações pessoais, a busca do conhecimento é uma jornada ao longo da vida que enriquece a mente, amplia horizontes e abre portas para possibilidades infinitas.

PRÁTICA: MAPEAR ÁREAS DE APRENDIZAGEM

Áreas de aprendizagem são os temas que identificamos como nossos alvos de estudo e aprofundamento, todos relacionados com nossos objetivos de crescimento pessoal e profissional. É essencial distinguir essas áreas de aprendizado dos *hobbies* ou interesses puramente recreativos que não contribuem diretamente para o nosso desenvolvimento pessoal.

Para guiar o processo de mapeamento de áreas de aprendizagem, é recomendável criar uma estratégia e um plano de ação anual. Isso envolve uma reflexão cuidadosa sobre questões cruciais:

1. Quais são as principais tendências e mudanças relevantes para minha carreira ou área profissional? O que está acontecendo atualmente que poderá tornar meus conhecimentos obsoletos em um período de três a cinco anos?

2. Quais são as principais filosofias e tendências relacionadas com meu propósito de vida e com as áreas relacionadas com minha saúde física, mental e espiritual? O que está ocorrendo no momento que poderá tornar meus conhecimentos desatualizados em três a cinco anos?

3. Quais são as fontes de alta qualidade disponíveis para aprofundar meu conhecimento nessas áreas? Isso pode incluir a identificação de livros e literatura relevantes, o acompanhamento de especialistas por meio de *blogs* e *podcasts*, a identificação de universidades e instituições de excelência, bem como a construção de relacionamentos com profissionais que possuam *expertise* nessas áreas, além da participação em conferências e palestras.

Para cada área de conhecimento selecionada, é importante elaborar um plano de ação com métricas bem definidas e resultados esperados, a fim de medir o progresso e manter a motivação.

Após o mapeamento das áreas e a identificação das respectivas fontes de aprendizado, temos que planejar e alocar tempo em nossa agenda para a busca por conhecimento. Isso inclui estabelecer uma frequência diária, semanal e mensal dedicada a essa busca, bem como planejar a participação em eventos e palestras relevantes. Por fim, é essencial monitorar o progresso não apenas em termos das ações delineadas em seu plano, mas também em relação aos resultados tangíveis que o conduzirão em direção a seus objetivos de aprendizado.

Uma etapa importante é buscar medir sua evolução por meio de *feedbacks* estruturados onde seu conhecimento é testado. O *feedback* deve ser obtido de pessoas especialistas nas áreas, além de mentores. O *feedback* é uma prática que não somente cristaliza o aprendizado, mas também nos coloca em uma posição de aprendizado contínuo.

Figura 5

Plano de ação para a busca do conhecimento

Plano de ação	Resultados
Ação 1 (exemplo: X horas por semana de leitura)	Feedback 1 (exemplo: preparar um texto sobre o tema)
Ação 2 (exemplo: X podcasts por mês)	Feedback 2 (exemplo: debater o tema com pares e/ou especialistas)
Ação 3 (exemplo: 2 eventos relacionados ao tema)	Feedback 1 (exemplo: fazer testes quando possível)

Fonte: Elaborada pelo autor.

Epílogo

A vida é a arte do encontro, embora haja
tanto desencontro pela vida.

VINICIUS DE MORAES[23]

Em uma fase silenciosa da nossa vida, situada entre o que deixamos e o que ansiamos, encontramos um refúgio chamado
espaço liminar. Esse é, sem dúvidas, o recanto mais sincero para
nos reencontrarmos.

Desde o episódio com a bicicleta, um episódio que, de certa forma, redefiniu meu caminho, comecei a enxergar nuances
da minha existência que antes estavam escondidas em sombras.
A epifania que tive durante este tempo revelou que, por anos a
fio, vivi uma espécie de letargia, imerso em instantes e vivências
dolorosas. Com a ajuda das reflexões e ferramentas apresentadas
neste livro, decidi redesenhar minha trajetória, sempre mirando
o amanhã, mas com os pés e o coração firmemente no agora. Um
presente onde busco viver com intensidade e alinhado ao meu
propósito.

O acidente foi um marco na minha jornada de transformação
pessoal. Um evento que me colocou diante do que denominamos
como espaço liminar — esse intervalo de transformação e reno-

---

[23] Vinicius de Moraes foi um poeta, compositor, diplomata e dramaturgo brasileiro nascido no Rio de Janeiro em 1913. Considerado um dos grandes nomes
da música popular brasileira, ele teve uma carreira literária prolífica e deixou um
legado duradouro na cultura brasileira, unindo poesia, música e performance.

vação, tanto em termos físicos quanto espirituais. Esse conceito, originado do termo latino *limen* (limiar), traz consigo um quê de magia e misticismo.

Em nossos estudos culturais, essa noção de liminaridade ilustra os sentimentos de dúvida e desconcerto que ocorrem em momentos de transição. São aquelas pausas em que deixamos de ser quem éramos, mas ainda não nos tornamos quem desejamos ser. Espaços liminares são intervalos recheados de mistério e revelações, como um aeroporto silencioso ou uma casa vazia. Assim como períodos da vida em que nos vemos entre duas realidades, tal como a turbulência da adolescência ou a busca por um novo trabalho.

A magia desses momentos liminares está em sua capacidade de nos reconectar, de nos permitir explorar versões inéditas de nós mesmos. Foi nesse reencontro que decidi reescrever minha história, valorizar os laços que me são caros, definir as prioridades da minha jornada e dar vida à minha autenticidade.

As histórias pessoais que divido neste livro e as ferramentas associadas procuram estimular nossa curiosidade e motivação para nos aprofundarmos no tema de transições de vida. O tema possui uma fonte rica e em constante evolução de literatura e estudos. A ciência cada vez mais tem um papel importante em nos ajudar a realizar nosso potencial e fazer a diferença.

A incerteza ainda é uma companheira constante. Contudo, é justamente nela que identifico a oportunidade ímpar de ultrapassar minhas fronteiras e alçar voos mais altos. A verdadeira transformação reside no intervalo entre quem eu era e quem estou me tornando. É aí, entre o passado e o futuro, que nos deparamos com o nosso eu verdadeiro.

Espero, sinceramente, que as páginas deste livro possam ser um guia confiável nesse processo de reencontro e renovação.

Agradecimentos

Reinvenção corajosa foi escrito em um momento de profunda transformação pessoal. O ato de escrever este livro foi uma terapia de recuperação e ao longo de meses pude refletir sobre minhas experiências pessoais, pesquisar a literatura e estudos relacionados com o tema, e transformar esta pesquisa em um guia que, espero, ilumine o caminho de muitos que passam por transições de vida e carreira. Tenho tanto e tantos a agradecer que agradeço a todos que estavam comigo nas histórias pessoais que compartilhei neste livro.

Ao mesmo tempo, dedico algumas palavras a todos que tornaram possível não apenas a concepção desta obra, mas também a jornada pessoal que ela representa.

Primeiramente, à minha esposa Cris (Cristiane M. de Siqueira Funari), cujo apoio incondicional nas horas mais desafiadoras foi o farol que me guiou através das tempestades. Sua força, compreensão e amor inabalável foram fundamentais para mim. Aos meus filhos, Bruno (Bruno Funari), Gabriel (Gabriel Funari) e Renata (Renata Funari), que sempre me desafiam e incentivam a buscar incessantemente a minha melhor versão, a explorar novos horizontes com coragem e centrado em nossos valores. Vocês são a razão do meu esforço contínuo para crescer e evoluir.

Minhas noras, Alicia (Alicia Mary Pestalozzi) e Fernanda (Fernanda Harumi Okuda Martins), e meu futuro genro Tom (Tom Stabler), cada um de vocês, com sua presença e apoio, me motivou a perseguir meus sonhos com mais convicção. Vocês enriquecem nossas vidas com novas perspectivas e alegrias. À minha mãe, Judith Martins Ferreira Funari, e minha sogra, Neusa Bastos de Siqueira (*in memoriam*), mulheres extraordinárias cujas vidas são exemplos vivos de resiliência e superação. Vocês me ensinaram, por meio do exemplo, o verdadeiro significado de força e determinação.

Aos meus amigos que foram minha rede de apoio durante o período em que escrevi este livro, cuja amizade e carinho iluminaram minha alma com esperança e força: Marco Aurélio Picini de Moura, Emílio Umeoka, Luiz Visconte, Antonio Werneck, Paulo Funari, Bernardo Parnes, Carlos Simas e sua esposa Gisa, Maira Pinheiro, Fernanda Botteghin, Maria José (Zezé) De Martini, Leandro Medeiros, Ana Bógus, Walter Galvão Neto, Gilson Vilela Jr., Vicky Bloch, que generosamente escreve o prefácio deste livro. Esta rede de amigos e amigas esteve ao meu lado durante o período de recuperação física, mental e emocional após o acidente que me levou a escrever este livro. Cada um de vocês, com sua presença, apoio e orientações, abriu meu horizonte de possibilidades e me ofereceu a atenção e o carinho de que tanto necessitei em um momento de fragilidade. Vocês são minha referência de amizade perfeita.

Finalmente, à minha irmã Ana, aos meus cunhados Walter e Andreia, às minhas tias, primos e sobrinhos, cujo profundo senso de família norteia meus valores e princípios. Vocês são o alicerce sobre o qual construí minha vida e a fonte de inspiração que me impulsiona a seguir adiante. Cada momento compartilhado, cada gesto de apoio e cada palavra de incentivo de vocês enriquece minha jornada, iluminando meu caminho com amor e união.

Este livro é mais do que uma coleção de páginas; é um testemunho de gratidão, amor e superação. A cada um de vocês meu mais sincero agradecimento por iluminarem o meu caminho. Juntos, tornamos possível a reinvenção corajosa que este livro representa.

Referências

ARISTÓTELES. *Ética a Nicômaco*. Tradução: Tradução de Edson Bini. Cambuci: Edipro, 2018.

BROOKS, Arthur C. *From strength to strength*: finding success, happiness, and deep purpose in the second half of life. Portfolio, 2022.

CHRISTENSEN, Clayton M.; ALLWORTH, James; DILLON, Karen. *How will you measure your life?* HarperCollins Publishers Ldt, 2012.

CSIKSZENTMIHALYI, Mihaly. *Flow*: a psicologia do alto desempenho e da felicidade. ed. rev. e atual. Tradução de Cássio de Arantes Leite. Objetiva, 2020.

DWECK, Carol S. *Mindset*: a nova psicologia do sucesso. Tradução de S. Duarte. Objetiva, 2017.

EPEL, Elissa. *The stress prescription*: the seven-day stress prescription. Penguin Life, 2022.

FLYVBJERG, Bent; GARDNER, Dan. *How big things get done*. Crown Currency, 2023.

FRANKL, Victor E. *Man's search for meaning*. Prólogo de Harold S. Kushner; tradução de Ilse Lasch. Beacon Press, 2006.

GARCÍA, Héctor; MIRALLES, Francesc. *Ikigai*: os segredos dos japoneses para uma vida longa e feliz. Tradução de Elisa Menezes. Rio de Janeiro: Intrínseca, 2018.

GRANT, Adam. *Pense de novo*: o poder de saber o que você não sabe. Rio de Janeiro: Sextante, 2021.

HUBERMAN, A.; CONTI, Paul A. *Dr. Paul Conti*: how to understand & assess your mental health. Huberman Lab Guest Series. 2023. Disponível em: www.youtube.com/watch?v=tLRCS48Ens4&ab_channel=AndrewHuberman.

IBARRA, Herminia. *Act like a leader, think like a leader.* Harvard Business School Press, 2015.

MACMILLAN, Ian C.; MCGRATH, Rita Gunther. *Discovery-driven growth*: a breakthrough process to reduce risk and seize opportunity. Harvard Business School Press, 2009.

MANDELA, Nelson. *Longa caminhada até a liberdade.* Tradução de Paulo de Roberto Maciel Santos. Rio de Janeiro: Editora Alta Life, 2020.

MCKEOWN, Greg. *Essencialismo*: a disciplinada busca por menos. Tradução de Beatriz Medina. Rio de Janeiro: Sextante, 2021.

SCHULZ, Marc; WALDINGER, Robert. *Uma boa vida*: como viver com mais significado e realização. Tradução de Livia de Almeida. Sextante, 2023.

SINEK, Simon. *O jogo infinito.* Tradução de Paulo Geiger. Rio de Janeiro: Sextante, 2020.

Impressão e Acabamento:
GRÁFICA E EDITORA CRUZADO.